90° 85° 80° 75° 70° 65° 60° 55° 50°

Axel
Heiberg
Island

Ellesmere
Island

SMITH SOUND

KANADA

Qaanaaq
Thule

G R Ö N L A N D

B A F F I N - B A I

Disko

Grise Fjord

JONES SOUND

Devon
Island

WELLINGTON CHANNEL

Cornwallis I.

Resolute

BARROW STRAIT

PRINCE
LEOPOLD I.

PEEL SOUND

Somerset
Island

FRANKLIN STRAIT

BELLOT STR.

PRINCE REGENT I.

LANCASTER SOUND

Bylot Island

Pond
Inlet

B a f f i n   I s l a n d

D A V I S S T R.

Brodeur
Peninsula

JAMES ROSS STR.

Boothia
Peninsula

les

Spence Bay
Taloyoak

King
William I.

Gjoa Haven

RASMUSSEN BASIN

IMPSON STR.

F

D

A

GULF OF
BOOTHIA

Pelly
Bay

FURY & HECLA STR.

Igloolik

Hall
Beach

Melville
Peninsula

Prinz
Charles
Island

F O X E

B E C K E N

Iqaluit

Foxe
Peninsula

Cape Dorset

Mill I.

FOXE CHANNEL

H U D S O N S T R.

Southampton
Island

UNGAVA BAY

Routen der Nordwestpassage

•••••••	Route 1
•••••••	Route 2
•••••••	Route 3
•••••••	Route 4
•••••••	Route 5
•••••••	Route 6
•••••••	Route 7

Arved Fuchs

NORDWESTPASSAGE

Der Mythos eines Seeweges

Delius Klasing Verlag

Von Arved Fuchs sind darüber hinaus folgende Titel
im Delius Klasing Verlag erschienen:

Im Faltboot um Kap Hoorn
Von Pol zu Pol
Abenteuer Russische Arktis
Wettlauf mit dem Eis
Abenteuer zwischen Tropen und ewigem Eis
Der Weg in die weiße Welt
Im Schatten des Pols
Kälter als Eis
Grenzen sprengen

Bibliografische Information Der Deutschen Bibliothek
Die Deutsche Bibliothek verzeichnet diese Publikation in der
Deutschen Nationalbibliografie; detaillierte bibliografische
Daten sind im Internet über »http://dnb.ddb.de« abrufbar.

1. Auflage
ISBN 3-7688-1675-3
ISBN 978-3-7688-1675-6
© by Delius, Klasing & Co. KG, Bielefeld

Die Schreibung der Ortsnamen erfolgt nach Knaurs großem Weltatlas.
Karten: INCH 3, Bielefeld
Schutzumschlaggestaltung: Buchholz/Hinsch/Hensinger, Hamburg
Layout: Gabriele Engel
Reproduktionen: scanlitho.teams, Bielefeld
Druck: Kunst- und Werbedruck, Bad Oeynhausen
Printed in Germany 2005

Delius Klasing Verlag, Siekerwall 21, D - 33602 Bielefeld
Tel.: 0521/559-0, Fax: 0521/559-115
E-Mail: info@delius-klasing.de
www.delius-klasing.de

Inhalt

Geleitwort

L iegen im Eis, Lage unverändert. Wind aus Süd-west, 20 Knoten. Nirgendwo offenes Wasser zu sehen.« Ein Logbucheintrag vom September 2003. Arved Fuchs' Expeditionsschiff DAGMAR AAEN driftet seit Tagen festgefroren in der kanadischen Arktis. Noch eben dachte die Mannschaft, sie könne die Nordwestpassage gerade mal so durch-fahren – zügig durch eine eisfreie Rinne mit güns-tigem Wind um die 40 Knoten. Plötzlich aber zieht die Natur sämtliche Register: Der Wind dreht, das Eis verstopft Fjorde und Sunde, riesi-ge Schollen treiben auf das Schiff zu, krachen gegen seinen Rumpf, nehmen es in die Zange und schließen es ein. Die Expedition sitzt fest. So mag es sich über die Jahrhunderte schon oft-mals zugetragen haben: der Anfang vom Ende. Wenn die alten Eismeerfahrer den Naturgewal-ten in die Falle gingen.
Wenn von Wal-fängern, die sich in das Labyrinth der arktischen Inseln wagten, nie mehr eine Nachricht kam. Wenn nachfolgende Schiffe Jahrzehnte später auf Spuren stießen: angespülte Ausrüstungsge-genstände, mit Monogrammen versehene per-sönliche Dinge, ein in letzter Verzweiflung geschriebener Brief, ein Grab aus aufgeschichte-ten Steinen. Bis heute ungeklärt ist das Schick-sal der legendären Franklin-Expedition, die bei dem Versuch, die Nordwestpassage zu bezwin-gen, 1848 in der Arktis verscholl.

Was für ein Winzling!, denkt man, schaut man die Bilder der im Eis eingeschlossenen DAGMAR AAEN an. Dabei sieht sie dem Schiff, mit dem der Nor-

Eisberge entstehen an Gletscherabbrüchen und bestehen aus Süßwasser-eis. Meistens stammen sie von grönländischen Gletschern.

weger Roald Amundsen vor 100 Jahren die Nordwestpassage zum ersten Mal vollständig durchfuhr, zum Verwechseln ähnlich. Ein 18 Meter langer Haikutter, massive Eiche, gebaut für das Nordmeer vor über 70 Jahren. Natürlich verfügt sie über Radar, GPS, Satellitentelefon und – das Wichtigste – eine Spezialverstärkung aus Aluminium und Stahl. An den gefährlichen Bedingungen einer Eisfahrt ändert das jedoch wenig. »Eine Polarfahrt gibt es nicht zum Risikonulltarif«, sagt Arved Fuchs, »die Vorgaben macht immer das Packeis, auch 100 Jahre nach Roald Amundsen.« Noch heute gilt die Nordwestpassage als eine der gefährlichsten Schiffsrouten der Welt. Einen modernen Abenteurer hat man Arved Fuchs oft genannt. Aber bei seinen Expeditionen geht es nicht um Rekorde. Die Berichte, Fotografien und Filmbilder, die er diesmal mit zurückgebracht hat, setzen den Fokus auf den

Klimawandel. Anders als der Regenwald oder die Meere konnte sich der hohe Norden jahrhundertelang gegen Naturzerstörung und rücksichtslose Ausbeutung durch den Menschen schützen. Das unwirtliche Klima setzte der menschlichen Gier eine Grenze. Das ist vorbei. Der Schutzschild der Arktis beginnt im wahrsten Sinne des Wortes zu schmelzen. Anders als beim Regenwald oder den Meeren können wir bei der Arktis unsere Verantwortung noch rechtzeitig erkennen. Arved Fuchs' Buch ist ein Plädoyer dafür.

Ulrike Becker
Redakteurin der SWR-Reihe
»Länder–Menschen–Abenteuer«

Die DAGMAR AAEN unter Vollzeug auf dem Weg nach Norden Richtung Beringstraße (Doppelseite 8/9).

Der Prins Christian Sund, 15 sm nördlich des berühmten Kap Farvel, dem südlichsten Punkt Grönlands. Wir haben Glück: Aufgrund des Eises ist er nur wenige Wochen im Jahr überhaupt befahrbar (Doppelseite 10/11).

Vorwort

Als Roald Amundsen in den Jahren 1903 bis 1906 mit seinem Schiff GJØA und einer kleinen Mannschaft als Erster die Nordwestpassage vollständig durchfuhr, war dies nicht der Beginn der Entdeckung der Nordwestpassage, sondern deren Abschluss. Die Entdeckungsgeschichte reicht Jahrhunderte, wenn nicht Jahrtausende weiter zurück. Denn schließlich waren es nicht die Europäer oder Amerikaner, die die Passage entdeckten, sondern die Inuit, die von Alaska kommend den gesamten arktischen Raum durchzogen und im Verlauf ihrer Wanderungen sogar die ferne Ostküste Grönlands erreichten. Das war vor rund 4500 Jahren. Amundsen hatte lediglich die Erfahrungen früherer Expeditionen genutzt und deren Fehler konsequent vermieden. Das – und sein Gespür für die richtige Vorgehensweise sowie sorgfältige Planung – brachten ihm den Erfolg. Und der Menschheit brachte es die Erkenntnis, dass die Passage allen Erwartungen und Hoffnungen zum Trotz keine wirtschaftliche Rolle spielen würde. Das arktische Klima und die unüberwindlichen Packeisbarrieren hatten alle Wunschträume zerplatzen lassen.

Der Prins Christian Sund im Süden Grönlands zählt mit zu den spektakulärsten Landschaften der Arktis.

Es wurde stiller um die Nordwestpassage. Fast 40 Jahre sollten vergehen, bevor das nächste Schiff einen weiteren Versuch unternahm. Es war die ST. ROCH, ein aus Holz gebauter Schoner der Royal Canadian Mountain Police, die im Regierungsauftrag die Souveränität Kanadas über diesen Teil der Arktis manifestieren sollte. Die ST. ROCH fuhr sogar gleich zweimal durch die Nordwestpassage: 1940–1942 von West nach Ost auf der Amundsen-Route und 1944 in Ost-West-Richtung auf einer neuen und bis heute selbst von Eisbrechern äußerst selten befahrenen Route. Aber es schien so, als habe Amundsens Expeditionsreise das Kapitel der historischen Expeditionen abgeschlossen. Danach schien das öffentliche Interesse erlahmt zu sein. Das »große Unbekannte« war entschleiert und damit auch seines Geheimnisses und seines Charmes beraubt worden. Das Kontingent an menschlichen Dramen, an heroischem Einsatz und vom Packeis zerdrückten Schiffsplanken war erschöpft. Die Nordwestpassage verfiel wieder in ihren Dornröschenschlaf, den sie Jahrtausende geschlafen hatte. Nur gelegentlich flackerte das Interesse wieder auf. Moderne Schiffbaukunst, leistungsstarke Eisbrecher und besonders das Flugzeug ließen die Passage zu einer kalkulierbaren Herausforderung werden. Ein neues Zeitalter hatte begonnen. Der uralte Traum der Kaufleute und Reeder, einen kürzeren Seeweg nach Cathay, nach Asien zu finden, hatte sich dennoch zerschlagen. Zwar gab es diesen Weg, er hatte sich aber trotz Eisbrecher als nicht planbar und nicht wirtschaftlich erwiesen. Erst Ende der sechziger Jahre flammte das Interesse kurzzeitig wieder auf. Mit der MANHATTAN PROJEKT, einem für die Eisfahrt umgebauten Supertanker, sollte erstmals Erdöl von den Ölfeldern der Prudhoe Bay abtransportiert werden. Das Pilotprojekt scheiterte – woran sonst? – am Packeis. Stattdessen wurde die Alaska Pipeline gebaut.

Abgesehen von Eisbrechern, die die Siedlungen in der Arktis versorgen, sowie die gelegentlichen Passagen eisverstärkter Kreuzfahrtschiffe gibt es kaum ein Schiff, das die Herausforderung annimmt.

Es mehren sich jedoch die Anzeichen, dass sich diese Situation in absehbarer Zeit ändern könnte. Als wir im Jahre 1993 mit unserem Expeditionsschiff DAGMAR AAEN, das der GJØA Amundsens in Größe, Takelung und Bauart sehr nahe kommt, von Grönland kommend die Nordwestpassage durchfuhren, waren wir das insgesamt 50. Schiff, dem das gelang. Als wir elf Jahre später mit demselben Schiff in umgekehrter Richtung erneut die Passage durchfuhren, waren wir bereits das 98. Schiff (siehe Anhang). Das ist ein Zuwachs von 670 %.

Unsere zweite Durchfahrung der Nordwestpassage dauerte zwei Jahre und bedeutete für Schiff und Teile der Besatzung eine Zwangsüberwinterung mitten in der Passage. Dieser Reise unmittelbar vorausgegangen war im Jahr 2002 die Durchfahrung der Nordostpassage, dem russischen Pendant zur Nordwestpassage.

Mir war klar, dass uns das nur deshalb gelingen konnte, weil wir ungewöhnlich günstige Eisverhältnisse entlang der sibirischen Küste angetroffen hatten. Ungewöhnlich auch in dem Sinne, als sich eine Tendenz abzeichnete, dass die Klimaveränderung in der Arktis mit alarmierender Geschwindigkeit voranschreitet. Letztlich waren es diese Eindrücke des sich verändernden Klimas in den hohen Breiten, die mich bewegt hatten, erneut durch die Passage zu segeln. Eigentlich ein Vorhaben, das man – wenn überhaupt – nur einmal in seinem Leben macht. Aber ich wollte wissen, inwieweit das Klimaphänomen eine lokale, sibirische Erscheinung ist bzw. inwieweit auch andere Regionen der Arktis davon betroffen sind. Das konnte gewiss nur eine subjektive Bewertung sein, die einer wissenschaftlichen Betrachtung nicht standzuhalten vermag. Aber mir geht es ja gerade um die Wahrhaftigkeit des Moments, der eigenen Analyse und Bewertung. Und da ich mittlerweile seit über 25 Jahren in diesen Breiten unterwegs bin, habe ich durchaus Vergleichsmöglichkeiten.

Auf allen meinen Expeditionen ist die Neugierde stets der Motor gewesen, mich immer wieder aufbrechen zu lassen. Ich will es wissen! Ob im Jahr 1991, noch zur Zeit der Sowjetunion, als wir mit der DAGMAR AAEN als erstes und bis heute einziges westliches Schiff die Genehmigung erhielten, die Inselgruppe des Franz-Josef-Landes anzulaufen oder auf dem Jenissei zu überwintern, ob auf Expeditionen zu Lande oder zu Wasser, nach Grönland, Kanada, nach Spitzbergen oder in die Antarktis. Stets sind es Fragen gewesen, die mich antrieben, die Suche nach dem Wissen, nach den Hintergründen über Land und Leute. Und natürlich auch das Bewältigen schwierigster Aufgaben. Das scheinbar Unmögliche möglich zu machen, sich Herausforderungen zu stellen, das Ausloten der eigenen Leistungsfähigkeit sowie das Führen eines Teams unter schwierigsten Bedingungen. Das alles fasziniert mich. Risk Management gehört genauso dazu wie das vorsichtige Taktieren mit den eigenen Möglichkeiten, der Logistik und Planung. Seit ich 1979 zum ersten Mal in die Arktis reiste, hat sich dort viel verändert. Das betrifft speziell auch die politischen, wirtschaftlichen und sozialen Bereiche. Besonders auffallend sind aber auch jene Veränderungen, welche sich in der Natur ablesen lassen.

Um dieser Spur nachzugehen, mussten wir erneut durch die Passage segeln. Dabei ging es uns nicht um eine in weiten Bereichen sterile und daher für Außenstehende bisweilen unverständliche wissenschaftliche Darstellung. Wir wollten dem ganzen Komplex eine menschliche Dimension geben. Lässt sich die Klimaveränderung bereits mit bloßen Augen ablesen? Handelt es sich dabei um einen gleichmäßigen, über den gesamten arktischen Raum verteilten Prozess oder um lokal auftretende Phänomene? Die uns zugänglichen wissenschaftlichen Daten sollten unsere Erlebnisse und Erfahrungen verifizieren, sie vielleicht auch nachdrücklicher wirken lassen. Was bedeutet das Klimaphänomen für die Menschen, die dort leben? Was ergeben sich für volkswirtschaftliche Möglichkeiten, aber vor allem auch für Belastungen, die daraus resultieren? Was birgt das wiederum für Gefahren für die Umwelt? Die Pläne über eine Nutzung der Nordwestpassage als Schifffahrtsroute sowie die Ausbeutung der Erdölfelder liegen schon lange in den Schubladen großer Konzerne. Weniger Eis bedeutet neue Möglichkeiten unter wirtschaftlichen Gesichtspunkten, aber wohl auch mögliche Desaster für die Umwelt. Die Exxon Valdez-Katastrophe in Alaska mag gegen ein vergleichbares Unglück in arktischen Gewässern geradezu harmlos anmuten.

Macht es Sinn, im 21. Jahrhundert mit einem Segelschiff durch die Nordwestpassage zu fahren?

Da sind die hochgerüsteten Forschungsexpeditionen, die mit leistungsstarken Eisbrechern, Flugzeugen, empfindlichen Sensoren und dem ganzen Spektrum der modernen Messtechnik den Phänomenen der Natur auf der Spur sind. Daran können und wollen wir uns nicht messen. Wenn wir uns eines Segelschiffes bedienen oder mit Ski zum Nordpol oder Südpol laufen, dann ganz sicher nicht, um in Konkurrenz zu der modernen Polarforschung zu treten. Wir tun auch nicht so, als wären wir unter den gleichen Rahmenbedingungen wie ein Roald Amundsen unterwegs. Die Bedingungen mögen ähnlich sein – zwischen ihm und uns liegt aber ein Jahrhundert. Wir haben das Wissen, über das er noch nicht verfügte, bei uns sind Radar, GPS, Satellitentelefon und Laptop an Bord. Wenn aber unser Schiff vom Packeis eingeschlossen und in die Zange genommen wird, dann hilft einem all diese Technik herzlich wenig. Gewiss, wir können unsere Position sowie einen Lagebericht an die Außenwelt durchgeben – dennoch sind wir auf uns allein gestellt und müssen mit der Situation umgehen. Darin nähern wir uns in einem hohen Maße unseren Vorgängern an.

Mit der uns zur Verfügung stehenden modernen Technik, insbesondere auch was die Kameratechnik heute ermöglicht, schließen wir die Lücke zwischen den historischen Expeditionen und den millionenschweren High-Tech-Projekten der staatlichen Expeditionen.

Eine private Expedition ist deshalb nicht weniger sicher oder seriös als eine groß angelegte staatliche, nur weil sie nicht primär wissenschaftlichen Zielen dient. Wir sehen uns als Bindeglied, weil wir etwas leisten können, das große Forschungsprojekte nicht zu ihrem Aufgabenbereich zählen oder es auch nicht leisten können.

Unseren Expeditionen liegen andere Zeitfaktoren und natürlich eine andere Kostenrechnung zu Grunde. Ein modernes Forschungsschiff kostet den Steuerzahler pro Tag ein Vermögen. Deshalb muss das Zeitmanagement so effektiv wie möglich gestaltet werden, was wiederum wenig Spielraum für Beobachtungen der anderen Art, etwa der Kontaktaufnahme mit den Menschen, den Naturvölkern der Anrainerstaaten lässt. Und genau das können wir leisten. Unsere DAGMAR AAEN kann in die engen und flachen Gewässer der küstennahen Siedlungen fahren, wo ein Forschungsschiff aufgrund seines großen Tiefgangs Abstand halten muss. Wir können verweilen! Wenn es sein muss einen ganzen Winter. Dabei sammeln wir gelegentlich Daten für Institute. Ehrenamtlich versteht sich. Wir würden uns freuen, wenn von dieser Möglichkeit mehr Gebrauch gemacht werden würde. Für uns stehen primär die Gespräche mit den Menschen im Vordergrund, die uns gegenüber keine Berührungsängste haben, weil wir nicht von »Outer Space« zu kommen scheinen, sondern Zeit mitbringen, geduldig sind und in ihren Augen auf eine bescheidene Art und Weise reisen. Die Tschuktschen der sibirischen Arktis oder die Inuit der kanadischen haben ein ganz anderes Zeitverhältnis als wir hektischen und getriebenen Europäer. Sie sagen nicht viel, wenn sie Wissenschaftler über Klimaveränderung, Umweltschützer über Jagdbeschränkungen, Politiker über Programme zur Belebung der Wirtschaft oder Juristen über die Rechtsprechung diskutieren hören, deren Gerechtigkeitssinn für sie bisweilen nicht nachvollziehbar ist. Aber sie schmunzeln darüber.

Auch wir sind nicht immer sofort akzeptiert, es dauert meist eine Weile, aber dann fällt die menschliche Distanz. Man kommt ins Gespräch, feiert Feste zusammen, lernt sich kennen, meistert gemeinsam die Tücken der Kälte, erlebt die Einsamkeit oder den späten Eisaufbruch, aber natürlich auch die beglückenden Momente der Wiederkehr der Sonne, das Aufblühen der arktischen Natur, die zur Brutzeit wiederkehrenden Vögel. Eben um diesen Zeitfaktor, um die Nähe zu den Menschen und der Natur geht es mir. Ich will so dicht wie möglich an die Menschen und die Natur heran – ohne den gebührenden Respekt vermissen zu lassen. Integration ist unsere Zauberformel.

Unsere neuerliche Expedition durch die Nordwestpassage ist keine Rekordfahrt gewesen. Seit 1991 hat die DAGMAR AAEN – neben anderen Reisen – den Nordpol fast zweimal umrundet. Es gibt kein anderes vergleichbares Schiff, das über eine derartige Leistungsbilanz verfügt. Insofern gab es für uns nichts zu beweisen. Außer mir selbst sind immer noch Crewmitglieder der

ersten Stunde mit dabei – ein Umstand, der mich glücklich macht, zeugt er doch von einem Gefühl des gegenseitigen Vertrauens und der Intensität der gemeinsam gelebten Momente. Es kann also nicht so völlig abwegig sein, mit einem Segelschiff ins Eis zu fahren.

Hintergrund unserer neuerlichen Durchfahrung – mit all der Mühsal, den bangen Stunden sowie der klammen Ungewissheit, wie und ob wir durchs Eis kommen – war die Reflektion über den Status Quo der Nordwestpassage und darüber, wohin die Zukunftsperspektiven weisen. Die Erlebnisse einer archaisch anmutenden Expedition durch diese legendäre Passage mit einem hölzernen, mittlerweile über 70 Jahre alten Segelschiff ließen uns dichter und unmittelbarer an die Landschaft und die Menschen kommen, als es einer groß angelegten staatlichen Forschungsexpedition jemals möglich sein wird. Unserer Expedition fehlte die Distanz zu Land und Leuten, die unweigerlich entsteht, wenn in einer urwüchsigen Landschaft mit einer Naturbevölkerung High-Tech-Expeditionen auftauchen. Wir reisten im Stile eines Roald Amund-

Die Farbe des Eises ändert sich mit dem Einfallswinkel der Sonne.

Das Farbspektrum fasziniert und variiert von Stunde zu Stunde.

sen, aber mit dem Wissen und der technischen Ausstattung von heute. Die Nordwestpassage verändert sich. Sie räkelt sich und erwacht schlaftrunken aus ihrem Dornröschenschlaf. Ein neues, spannungsgeladenes Kapitel der Polargeschichte wird aufgeschlagen. Es bleibt abzuwarten, ob dieses Erwachen nicht den Beginn einer Besorgnis erregenden neuen Zeit bedeutet.

Die geheimnisvolle und einsame Lituya Bay in Alaska. Ein durch ein Erdbeben verursachter Erdrutsch hat hier im Jahr 1958 eine 520 Meter hohe Flutwelle generiert (Doppelseite 18/19).

Blick vom Mount Cleveland auf den Vulkan Mount Carlisle. Beide Vulkane gehören zu den Islands of Four Mountains, die wiederum den Aleuten zugeordnet werden (Doppelseite 20/21).

Zehn Jahre danach

Was passiert eigentlich in der Nordwestpassage?

Als wir im Rahmen unserer ICESAIL-Expedition 1993 durch die Nordwestpassage segelten, fiel das zufällig mit dem 90. Jahrestag von Amundsens Erstdurchfahrung zusammen. Unter zahlreichen Schwierigkeiten gelang es uns, die Passage innerhalb nur einer Saison zu durchsegeln. Das war bis dahin nicht einmal einer Hand voll Schiffen gelungen. Amundsen hatte für diese Strecke noch drei Jahre benötigt.

Im Jahr 2002 war es uns endlich nach mehreren vergeblichen Versuchen gelungen, die Nordostpassage zu durchsegeln. Wir waren zuvor mehrfach an der schwierigen politischen Lage Russlands, aber auch an den problematischen Eisverhältnissen gescheitert. Im Mai 2002 waren wir in Hamburg gestartet, im Oktober erreichten wir nach 8000 Seemeilen und um viele Eindrücke und Erfahrungen reicher den kleinen Hafen von Sitka im Südosten Alaskas. Die DAGMAR AAEN hatte damit als erstes Schiff ohne Eisbrecherunterstützung den Nordpol vollständig umrundet. Eigentlich wollte ich damit den eisigen Passagen im Norden für einige Zeit den Rücken kehren und in gemäßigteren Gefilden segeln. Zu keinem Moment hatte ich bei der Durchfahrung der Nordostpassage an die Nordwestpassage gedacht. Zumindest hegte ich keinerlei Pläne, sie nochmals anzugehen. »Once is enough«, das gilt für diese Passagen in besonderem Maße. Der Entschluss, es dennoch ein weiteres Mal zu versuchen, entstand gegen Ende der Reise, kurz vor Erreichen des schützenden Hafens von Sitka. Fest stand zu diesem Zeitpunkt, dass wir im folgenden Jahr, also 2003, zu der Inselgruppe der Aleuten segeln würden. Ich kannte einige der abgelegenen und unwirtlichen Inseln von früheren Reisen, unter anderem von einer Kajak-Expedition, die ich bereits 1986 dorthin unternommen hatte. In ihrer Gesamtheit sind die Inseln in den vergangenen Jahrzehnten nur selten besucht worden. Als natürliche Trennungslinie zwischen der eisigen Beringsee und dem stürmischen Nordpazifik verfügen sie über ein nasses und stürmisches Wetter, das dem von Kap Hoorn in jeder Hinsicht ebenbürtig ist. Die Geschichte dieser Inseln, die eine der ältesten Kulturen Nordamerikas hervorgebracht haben, ist unglaublich spannend. Die Wirren des Zweiten Weltkrieges, der Krieg zwischen Japan und

Die DAGMAR AAEN in schwerem Packeis während der ersten Durchfahrung der Nordwestpassage im Jahre 1993.

23

Alles ist größer in Amerika – auch die Fische.

Diese junge Dame hat einen Heilbutt gefangen.

nannten Passes, laufen die starken Gezeitenströme. Sie drängen und zwängen sich ungestüm, bisweilen mit haushohen Brechern, die von einer Seite des Passes zur anderen reichen, zwischen den Inseln und Klippen hindurch. Wenn der Sturmwind gegen den Strom steht, herrscht dort das maritime Inferno. Edgar Allan Poes »Moskestroemen« hätte hier seinen Ursprung finden können. Selbst große Coast Guard-Schiffe und Trawler meiden dann diese Durchfahrten. Mich faszinieren einsame Inseln, besonders jene, die nur mit dem Schiff erreichbar sind. In eine einsame Bucht einzulaufen, dort zu ankern und dann das Land zu erkunden, übt auf mich einen unwiderstehlichen Reiz aus. Die Landschaften, die Inseln erzählen mir dann auf eine sehr eindringliche Art und Weise ihre Geschichte, so als könnten sie sprechen.

Diese Reise war also fester Bestandteil der Planung. Nach Abschluss der Aleutenreise sollte es allerdings so schnell wie möglich und noch vor Einbruch der Herbststürme auf direktem Kurs nach Süden in den Tropengürtel gehen, wo wir nach jahrelangen Fahrten im Eis und Sturm ein wenig Sonne und Wärme tanken wollten. Doch daraus wurde nichts! Das Studium der Eiskarten, die ungewöhnlich günstigen Eisverhältnisse in der russischen Arktis des vorangegangenen Jahres, die Gespräche mit den Menschen vor Ort hatten mich nachdenklich werden lassen. An der Universität Bremen war seit einiger Zeit ein junger Wissenschaftler, Dr. Lars Kaleschke, damit beschäftigt, ein neues Messverfahren zu entwickeln, mit dessen Hilfe per Satellit Eiskarten erstellt werden können. Im Verlauf der gesamten Reise hatten Lars und seine Mitstreiter nahezu

den USA haben ihre Spuren hinterlassen. Rostiger Kriegsschrott, der wie ein Mahnmal wirkt, verlassene Dörfer und eine menschenleere, faszinierende Wildnis sind geblieben. Fast 3000 Meter hohe Vulkane, schroffe Klippen, grüne Täler, heiße Quellen und tosende Stürme lassen die Landschaft wie aus einer anderen Welt erscheinen. Zwischen den Inseln, den so genannten

täglich aktuelle Eiskarten ausgearbeitet und sie uns zugänglich gemacht. Durch und durch Wissenschaftler analysierte Lars auch die zurückliegenden, verfügbaren Eiskarten und kam – gemeinsam mit anderen Wissenschaftlern und Instituten – zu der Erkenntnis: Niemals zuvor, seit es Eisbeobachtungen gibt, hatte das Nordpolarmeer eine geringere Eisausdehnung gehabt als im Jahre 2002. Aber damit nicht genug: Nicht nur dass die Eisausdehnung zurückgeht, auch die Dicke des Eises wird offenbar immer geringer. »Wir erwarten, dass der Klimawandel in den Polgebieten zu den schwersten und schnellsten in allen Erdregionen gehören wird«, prognostizierte das UN-Klimaforschergremium IPCC bereits 2001. »Es wird gravierende physikalische,

ökologische, soziologische und wirtschaftliche Folgen haben, vor allem in der Arktis.«
Und weiter ist beim Arctic Council, einem Wissenschaftsforum, an dem acht Anrainerstaaten und über 300 Wissenschaftler mitgewirkt haben, nachzulesen: »Der Klimawandel findet in der Arktis besonders intensiv statt.«
Die Temperaturen in der Arktis sind fast doppelt so schnell gestiegen wie in gemäßigteren Zonen. Über die Abnahme des Meereises gibt es unterschiedliche Angaben. Schätzungen liegen zwi-

Kriegsschrott auf der Aleuteninsel Kiska. Schiffswracks – Relikte des Krieges – säumen die Bucht.

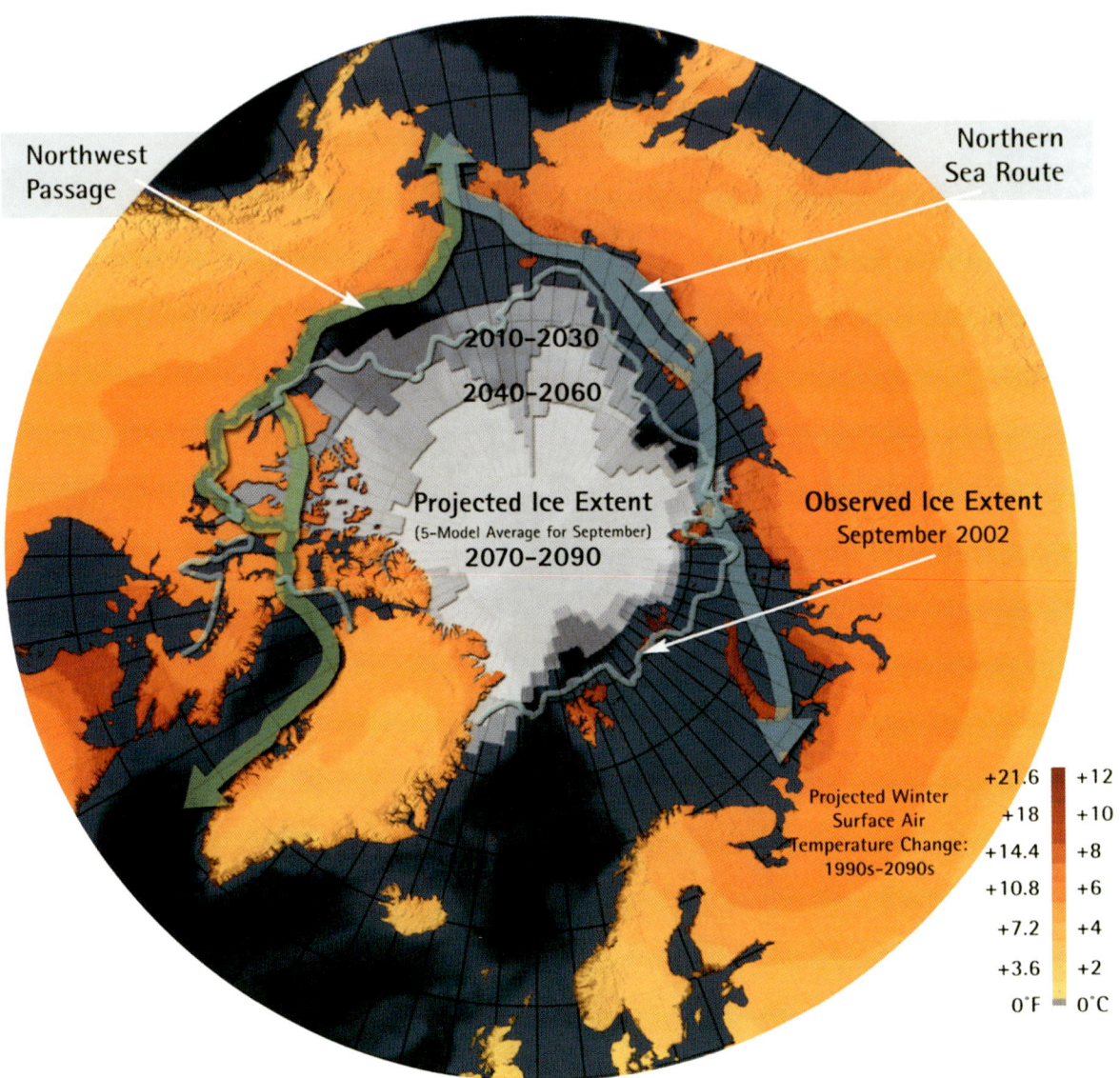

Northwest Passage

Northern Sea Route

2010–2030

2040–2060

Projected Ice Extent
(5-Model Average for September)
2070–2090

Observed Ice Extent
September 2002

Projected Winter
Surface Air
Temperature Change:
1990s–2090s

°F	°C
+21.6	+12
+18	+10
+14.4	+8
+10.8	+6
+7.2	+4
+3.6	+2
0°F	0°C

Das ganze Ausmaß der Eisschmelze wird in dieser Grafik deutlich. Auch wenn es immer Schwankungen in der Eisausdehnung gegeben hat – diese Entwicklung ist höchst ungewöhnlich.

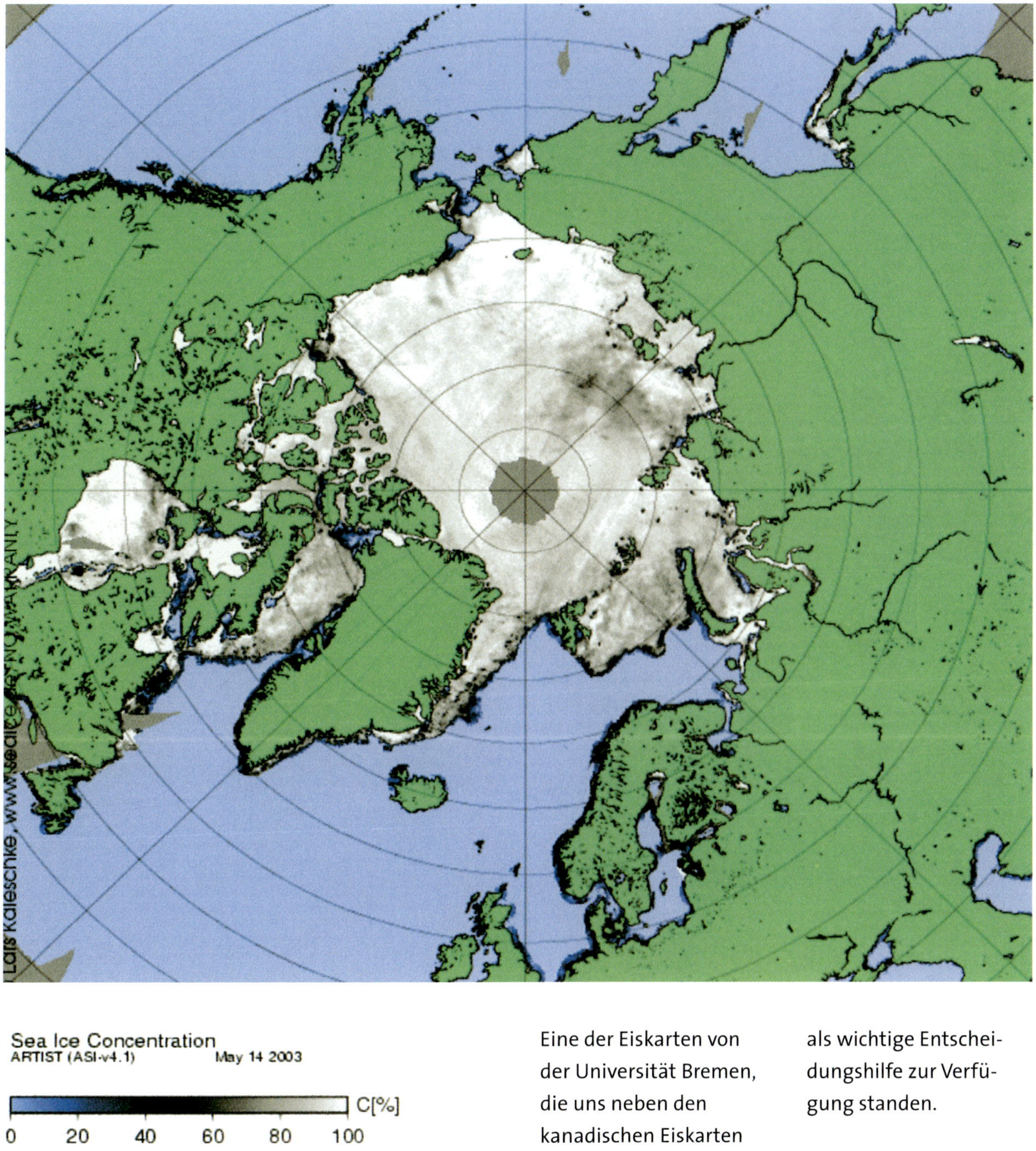

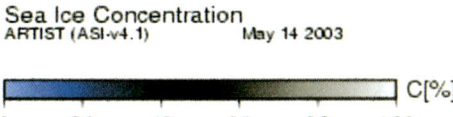

Sea Ice Concentration
ARTIST (ASI-v4.1)   May 14 2003

C[%]
0   20   40   60   80   100

Eine der Eiskarten von der Universität Bremen, die uns neben den kanadischen Eiskarten als wichtige Entscheidungshilfe zur Verfügung standen.

Grönland ist vom Global Warming offenbar besonders betroffen, wie die Grafik zeigt. Die größte Eisschmelze fand 2002 statt.

schen 3 % bis 9 % pro Dekade. Laut der Umweltstiftung WWF hat die Ausdehnung des Packeises in den letzten 20 Jahren um 6 % abgenommen. Britischen Wissenschaftlern zufolge liegt der Prozentsatz noch deutlich darüber. Zugleich haben

Messungen amerikanischer U-Boote ergeben, dass die Eisdecke in den letzten 43 Jahren um etwa 40 % abgenommen hat. Unklar ist, ob dies generell für das ganze Eis gilt oder ob es sich um regionale Schwankungen handelt. Bis zum Jahre 2050 rechnet der WWF mit einem Eisrückgang um 60 %. Und je mehr das Eis dahinschwindet, desto schneller läuft der Vorgang ab. Unter dem Begriff Albedo versteht man die Reflektion der Sonnenenergie durch das Eis. Das polare Packeis wirkt gewissermaßen wie ein überdimensionierter Spiegel, der die Wärmestrahlung der Sonne in den Weltraum reflektiert. Je weniger Eis es gibt, desto weniger Spiegelfläche steht zur Verfügung und desto weniger Energie wird in den Weltraum abgestrahlt. Das Resultat: Es wird wärmer, da die Sonnenenergie vom Land und vom Wasser aufgenommen wird. Je wärmer es aber wird, desto weniger Eis gibt es, desto geringer der Abstrahleffekt usw. Es ist eine Art Kettenreaktion mit diversen Auswirkungen.

»Ist doch ganz praktisch, wenn es weniger Eis gibt, das eröffnet doch ganz neue Möglichkeiten.« Tatsächlich höre ich diese Aussage in unterschiedlichen Versionen immer wieder. »Stimmt doch alles nicht, bei uns ist es doch weiterhin kalt«, eine andere, häufig gehörte Äußerung. Beide Sätze klingen angesichts der Entwicklung zynisch, enthalten natürlich aber auch einen Kern Wahrheit. Was die Möglichkeiten angeht: Die Strecke von Hamburg nach Vancouver beträgt durch den Panamakanal 8741 Seemeilen. Die Route durch die Nordwestpassage schlägt dagegen nur mit 6635 Seemeilen zu Buche. Ein modernes Containerschiff verbraucht je nach Größe ca. 50 Tonnen Brennstoff (das sind etwa 50 000 Liter!) in 24 Stunden. Mit anderen Worten, die Wegersparnis hilft Brennstoff zu sparen bzw. Kosten zu senken. Klar, dass man ein vitales Interesse hat, den jeweils kürzesten Weg zu nehmen. Und was das Argument der Kälte angeht: Kalt ist es tatsächlich natürlich auch weiterhin. Es ist bisweilen nicht einfach, jemandem von der Problematik der Klimaerwärmung zu erzählen, wenn draußen an seinem Thermometer −40 °C abzulesen sind. Kälte und Wärme sind

eben sehr relative Begriffe. Die Erwärmung hat noch weitere gravierende Folgen: Die Studie Arctic Climate Impact Assesment – kurz Acia –, die erst im November 2004 veröffentlicht wurde, weist darauf hin, dass die Schneebedeckung der Arktis um ein Zehntel zurückgegangen ist. Bis zum Jahre 2070 erwartet die Studie eine Abnahme um 10 bis 20 %. Das bedeutet, dass auch hier die Reflektion der Sonnenwärme abnimmt – es kommt zu einer weiteren Erwärmung. In Alaska taut bereits der Permafrostboden auf, jedes Jahr ein Stückchen tiefer. Nicht nur dass dadurch die Vegetationsgrenze zügig weiter nach Norden wandert, viel gravierender ist der Umstand, dass das im Permafrostboden gebundene Methan freigesetzt wird, was als besonders stark wirkendes Treibhausgas gilt. In den letzten 100 Jahren ist der Meeresspiegel um ca. 10 bis 20 Zentimeter gestiegen. Bis zum Ende dieses Jahrhunderts wird noch mal ein halber Meter dazu kommen. Ohne in irgendwelche Hollywood-Szenarien verfallen zu wollen, aber würden das antarktische und das grönländische Inlandeis komplett abschmelzen, stiege der Weltmeeresspiegel um 65 Meter an (AWI). Interessant in diesem Zusammenhang ist aber die Ergänzung: »Auch kleine Veränderungen der Eismassen aufgrund regionaler Klimaveränderungen wirken sich auf den Meeresspiegel aus« (AWI / Deutsches CryoSat-Projektbüro). Insgesamt sind die Auswirkungen des Klimawandels weitreichend und keineswegs auf die polaren Regionen beschränkt. Er hat Auswirkungen auf das Weltklima. Die Winter werden regenreicher, Gletscher, Grönlandeis und Packeis schmelzen, wodurch wiederum der Meeresspiegel steigt. Die mittlere Wellenhöhe wächst, die

Stürme gewinnen an Heftigkeit, und letztlich kann es auch Auswirkungen auf die Zirkulation der Meeresströmungen haben.

Alles Panikmache? Klimaveränderungen hat es in der Klimageschichte doch immer wieder gegeben. Das ist sicher richtig, aber meines Wissens handelte es sich dabei durchweg um erheblich längere Zeiträume, als es aktuell der Fall ist. Und noch etwas kommt hinzu: Noch niemals zuvor war die Erde so dicht bevölkert wie heute. Der CO_2-Ausstoß in einem sich rasant schnell entwickelnden Land wie China wird drastisch zunehmen. Die amerikanische Administration versucht, das Problem mit Missachtung zu strafen und hat das Protokoll von Kyoto daher gar nicht erst unterzeichnet. Unabhängig davon wird so richtig viel für die Reduzierung der Treibhausgase trotz Kyoto-Protokolls jedenfalls nicht getan, auch wenn es ein Schritt in die richtige Richtung ist. In wirtschaftlich angespannten Zeiten finden solche Probleme nur wenig Gehör.

Der amerikanische Wissenschaftler Dick Cameron hat in einem Interview gesagt: »Auch wenn der Klimawandel auf eine Laune der Natur zurückzuführen sein sollte, der Einfluss der Menschen am Klimawandel ist jedenfalls erheblich und hilft keineswegs, das Problem in den Griff zu bekommen.« Demnach kann man sich also nicht auf das Argument der natürlichen Klimazyklen zurückziehen.

In zahlreichen Gesprächen hatte ich im Herbst 2002 festgestellt, dass in der öffentlichen Wahrnehmung das Problem häufig bagatellisiert wird. Wissenschaftler – im Bestreben, nur keine voreilige These zu vertreten, die ihnen von Kollegen womöglich als haltlos vorgehalten werden könnte –, waren äußerst vorsichtig in ihren Äußerungen. Und um ehrlich zu sein, hatte auch ich diese Entwicklung unterschätzt. Die Nordostpassage hatte mir die Augen geöffnet, mich irgendwie stutzig werden lassen. Ich wollte mehr über dieses Phänomen erfahren. Mit einem Mal schien mir die Reise in den Südpazifik nicht mehr so reizvoll. Das konnte warten, es gab dort jedenfalls nichts und niemanden, das mich gerade zu diesem Zeitpunkt mit Macht dorthin zog – außer vielleicht die Aussicht auf von Palmen gesäumte Strände, warmes Wasser und laue Nächte. Aber diese Vorstellung hinterließ mit einem Mal einen schalen Geschmack. Nein – jetzt war der Zeitpunkt, ein

weiteres Mal durch die Nordwestpassage zu fahren. Symbolträchtig, genau 100 Jahre nach Roald Amundsen und genau zehn Jahre nach unserer eigenen Erstdurchfahrung. Wir würden Vergleiche anstellen, Fragen stellen, beobachten.

Am 1. August 2003 hatten wir unsere fast zweimonatige Aleutenexpedition in Dutch Harbor abgeschlossen. Dutch Harbor, der größte Fischereihafen der USA, bietet weitgehend alles, was man braucht, um ein Schiff zu versorgen – vorausgesetzt, man kann die saftig überhöhten Preise schultern. Hier kennt uns bzw. das Schiff fast jeder. Auf unseren diversen Expeditionsreisen haben wir hier immer wieder Station gemacht und einmal sogar einen ganzen Winter verbracht. Ich habe mal ausgerechnet, dass die Dagmar Aaen häufiger in Dutch Harbor war als in Kiel. Das Schiff war nach der Durchfahrung der Nordostpassage, dem Winter in Sitka und der anschließenden Aleutenreise nach wie vor in einem sehr guten technischen Zustand. Mit Treibstoff, Proviant, Wasser und anderen Vorräten versorgt warfen wir am 7. August die Leinen los. Ein böiger Wind wehte, noch im Vorhafen setzten wir die

Segel und glitten aus der Bucht hinaus. Als wir die offene See erreichten, empfing uns eine hohe See, aber der Wind kam günstig für uns. Bei halbem Wind konnten wir genau auf Kurs gehen und liefen mit 7 bis 8 Knoten durch die graue Beringsee Richtung Norden. Es war das fünfte Mal, dass die Dagmar Aaen dieses Meer in ganzer Breite durchquerte. Erinnerungen an die erste Durchfahrt wurden wach. Damals kamen wir im Oktober und von schweren Herbststürmen begleitet aus der Nordwestpassage heraus. Hätte mir damals jemand gesagt, ich würde zehn Jahre später in entgegengesetzter Richtung erneut in die Passage einfahren, ich hätte ihn für völlig verrückt erklärt. Doch nun ist alles anders. Wir würden uns erneut der Nordwestpassage stellen.

Die arktische Landschaft wirkt abweisend und anziehend zugleich. Dieser vermeintliche Widerspruch macht einen Teil ihrer Faszination aus.

Nebel und dichte Wolkenbänke können zu jeder Tageszeit aufziehen. Wenn man eine solche Nebelbank verlässt, ist es wie ein Aufatmen: Man fühlt sich befreit und leicht (Doppelseite 32/33).

Das Tor zur Arktis

Der Irrtum von der unberührten Natur

Nach gut fünf Tagen und 650 Seemeilen im Kielwasser erreichen wir die alte Goldgräberstadt Nome. Richtige Häfen, die einen vor Wind und Schwell schützen, gibt es so weit im Norden nicht mehr. Wir ankern erst, verholen dann an eine Pier, die wie ein Finger ins Meer ragt und eigentlich exklusiv für Versorgungsschiffe gedacht ist. Davon kommen aber nur einige wenige während der Sommermonate, zurzeit gehört die Pier uns.

Ein großer Teil des Beringmeeres friert während der Wintermonate zu, lediglich der Teil südlich der Pribilof Islands bleibt mehr oder weniger eisfrei. Nome liegt bereits weit im Norden und ist daher den größten Teil des Jahres vom Eis eingeschlossen. Möchte man den Ort besuchen, bleibt in der Regel nur das Flugzeug als Reisemittel. Straßen nach Süden gibt es nicht, es sei denn, man möchte mit Schneescootern oder Hundeschlitten querfeldein fahren. Nur einmal im Jahr richtet sich der öffentliche Focus auf den kleinen Ort, nämlich dann, wenn im Früh-

Die Diomedes um Mitternacht. Die linke Insel gehört zu Alaska, die rechte zu Russland. Zwischen ihnen verläuft die Grenze der beiden Länder.

jahr das berühmteste aller Hundeschlittenrennen, das Iditarod, in der Hauptstraße von Nome seinen Zieleinlauf feiert. Aufgrund der Abgeschiedenheit und der nicht ganz billigen Flugverbindungen kommen außerhalb der Hundeschlittensaison nur wenige Besucher. Diejenigen, die dennoch kommen, sind meist keine Touristen, sondern gehen der Beschäftigung nach, dem der Ort seine Existenz verdankt: Gold suchen. Früher konnte man die Nuggets am Strand aufsammeln, ganz so einfach ist es heute nicht mehr. Dennoch scheint es sich zu lohnen. Am Ufer befindet sich eine kleine Zeltstadt, in der die Goldsucher wohnen und mit teilweise abenteuerlich anmutenden Gerätschaften ihr großes Glück versuchen. Wir sprechen mit John, der einen Ponton vor die seichte Küste geschleppt und dort verankert hat. Während sein Partner in einem gut isolierten Taucheranzug auf dem Meeresboden steht und mit einem überdimensionierten Staubsauger den Meeresboden absaugt, überwacht Jim die Pumpen, die dieses Sand- und Schlammgemisch vom Meeresboden auf die Schüttelroste und Siebe spült, auf denen dann die festen Bestandteile hängen bleiben. Wir sind erstaunt, wie häufig es glitzert und Jim mit geübten Handgriffen die kleinen Goldflocken he-

Nome lebt auch heute noch von seinem Ruf als Goldgräberstadt. Überall trifft man auf Hinterlassenschaften aus der Pionierzeit wie diese alte Dredge.

rausfischt. Das Ganze ist durchaus keine Liebhaberei, sondern wird ernsthaft nach wirtschaftlichen Überlegungen betrieben. Richtig reich wird wohl dennoch keiner der Goldsucher. Der technische Aufwand und die kurze Saison fressen einen nicht unerheblichen Teil des Gewinnes wieder auf. Aber es ist wohl auch der Kick, das alte Goldrauschfieber, das damals wie heute die Menschen in die nordische Wildnis lockt.

Der Ort hat Atmosphäre, wenngleich sich irgendwie alle Städte im Norden auf eine gewisse Art und Weise ähneln.

Von Nome ist es nicht mehr weit bis zur Beringstraße, dem »Gateway to the Arctic Ocean«. Genau um Mitternacht erreichen wir bei guter Sicht und stillem Wetter die Diomede Islands, die genau in der Beringstraße liegen. Sie sind gewissermaßen die Überbleibsel von Beringia, einer Landbrücke, die Sibirien und Alaska einst verband und vor rund 12 000 Jahren im Meer versank. Die große Diomede-Insel gehört zu Russland, die kleine zu den USA. Genau zwischen diesen beiden Inseln verläuft also die Grenze der beiden Länder, außerdem befindet sich hier auch die internationale Datumsgrenze. Während es auf der amerikanischen Insel Montag 12 Uhr mittags ist, ist es auf der russischen Insel Dienstag 9 Uhr. Beide Inseln sind bewohnt, die kleine amerikanische Siedlung darf man besuchen, die russische nicht. Für eine Einreisegenehmigung müsste man zunächst in Russland einklarieren, zudem benötigt man zum Besuch der Insel eine Sondergenehmigung, die nur schwer zu bekommen ist. Man ist hier nicht unbedingt erwünscht! Ein ehemaliges Crewmitglied, Roger Schmidt, war vor einigen Jahren einfach mit dem Kajak dorthin gepaddelt – und umgehend verhaftet worden. Eine Militärstation auf russischer Seite wacht darüber, dass keine Regelverstöße vorkommen, und wohl auch darüber, dass sich die Inselbewohner, die Inupiat, nicht etwa gegenseitig besuchen, wie sie es früher seit Urzeiten getan haben.

Während des kalten Krieges muss diese Region schon von beträchtlicher Brisanz gewesen sein. Auf dem amerikanischen Festland sehen wir auf Bergkämmen große Radaranlagen stehen. Von unserer Vorjahresreise entlang der sibirischen Küste wissen wir, dass dergleichen auf russischer Seite natürlich ebenfalls existieren. Entlang der Aleuten, der Küste Alaskas und der Nordküste Kanadas hat man die so genannte DEW-Line (Distant Early Warning) errichtet. Fast alle 60 Seemeilen gibt es eine Station. Mittlerweile steht dort davon die dritte oder vierte Generation. Während die Anlagen heute meist vollautomatisch betrieben werden, waren sie noch bis in die neunziger Jahre hinein voll bemannt. Große Radaranlagen überwachten den Himmel nach anfliegenden feindlichen Raketen oder Flugzeugen, und mittels Richtantennen versuchte man militärische Geheimnisse auszuspionieren. Auf der anderen Seite funktionierte es genauso. Auch dort haben wir in gewissen Abständen militärische Einrichtungen gesehen, die offenbar genau demselben Zweck dienten und wohl auch noch dienen. Satellitenüberwachung hat viele dieser Einrichtungen überflüssig gemacht, aber ganz verzichten kann man offenbar dennoch nicht auf sie. In der kanadischen Arktis werden zurzeit einige Stationen modernisiert bzw. komplett neu installiert. Die Nordwestpassage – eben-

John ist ein moderner Goldsucher. Mittels Taucher und Pumpen wird der goldhaltige Sand vom Meeresboden auf einen Ponton gespült und dort das Gold herausgewaschen.

37

so wie die Nordostpassage – haben also auch eine strategische Bedeutung.

Die DEW-Line reicht im Grunde genommen bis nach Grönland. Die Thule-Luftwaffenbasis, die in den 1950er-Jahren unter dem Codenamen »Blue Jay« aus dem Boden gestampft wurde, war die größte Landungsoperation seit der Landung der alliierten Streitkräfte in der Normandie. Die Grönländer glaubten ihren Augen nicht trauen zu können. Der französische Ethnologe Jean Malaurie, der zu diesem Zeitpunkt unter den Grönländern lebte, beschreibt die Annexion die-

Indem wir die Bering-
straße mit Nordkurs hin-
ter uns lassen, fahren
wir endgültig in den
arktischen Ozean ein.

Eine der alten DEW-Line-
Stationen, die nach und
nach abgebaut und
durch modernere Statio-
nen ersetzt werden.

ser Region durch das amerikanische Militär wie
folgt:

»Alle 30 Minuten landet ein mächtiger Transporter.
Zunächst sind es 4000 Männer, schließlich 10 000.
Sie sollen einen Hafen anlegen. Eine Armada von
63 Schiffen, allen voran ein Eisbrecher, die im Mai
und Juni im Eis der Melvillebucht festgesessen
haben, löschen 300 000 Tonnen Fracht. Vom Strand
aus schaue ich zu, wie am 9. Juli die ersten Marines
mit aufgepflanztem Bajonett an Land gehen. Stehen
wir am Beginn des Dritten Weltkrieges?«

Auf dem grönländischen Inlandeis, ca. 250 Kilometer östlich von Thule, wurde 1959 das »Camp
Century« eröffnet (und 1967 wieder geschlossen). 60 Meter tief ins Eis gegraben, verbanden
63 Tunnel die Wohnbereiche, Laboratorien und
Forschungslabors. Energie wurde mittels eines
kleinen Atomreaktors produziert. Die eigentlichen Herren dieses Landes, die Grönländer,
wurden weder beim Blue Jay-Projekt um Erlaubnis gefragt noch beim Bau vom Camp Century.
Man ignorierte sie schlichtweg.

Unvergessen ist auch der Absturz eines B-52-
Bombers am 21. Januar 1968. An Bord des Bombers befanden sich vier taktische Wasserstoff-
bomben. Das Flugzeug hatte während des Fluges
Feuer gefangen und war mit einer Geschwindigkeit von 900 Stundenkilometern auf das Packeis
geprallt.

Dazu Malaurie: *»1 325 000 Liter Kerosin explodieren*
und entzünden den konventionellen Sprengstoff von
drei der vier nicht scharf gemachten Wasserstoff-
bomben. Die Explosion verstreut die Ladung dieser
drei Bomben – Plutonium, Uran, Americium und
Tritium – auf einer Fläche von 15 bis 20 Quadrat-
kilometern. Das Packeis schmilzt unter der enor-
men Hitze auf einer Breite von 305 Metern und einer
Länge von 610 Metern. Die vierte Bombe verschwin-
det in den Tiefen des Ozeans. Eine rote Wolke legt

Die Thule-Airbase wurde im Juli 1950 vom amerikanischen Militär errichtet. Bis zu 10 000 Männer und 63 Schiffe waren in die Aktion involviert. Die Grönländer wurden zwangsevakuiert.

sich über die Region. Der gesamte Sektor des »schwarzen Schnees« wird kontaminiert, darunter das 30 Kilometer nördlich der Absturzstelle gelegene Dorf Moriussaq. Die vierte Bombe haben die Amerikaner angeblich 1979 geborgen, aber offiziell ist das nie bewiesen worden.«

Dabei hatte noch im selben Jahr das dänische Parlament erklärt, dass Grönland atomwaffenfreie Zone sei: »In Thule gibt es weder Atomwaffen, noch werden diese dort gelagert.« Die Krebsrate der an den Aufräumungsarbeiten beteiligten grönländischen Arbeiter soll 40-mal höher liegen als bei den 3000 Angestellten der Basis, da die Inuit ohne jede Schutzkleidung für Bergungsarbeiten eingesetzt wurden.

Die Spuren des militärischen Wettrüstens finden sich nicht nur in Grönland, sondern überall in der Arktis. Während im russischen Teil die Hinterlassenschaften still vor sich hin rosten und keiner so genau weiß, was wo eigentlich lagert, ist man in Kanada bemüht, die alten Stationen komplett abzubauen und zu entsorgen. Das wiederum macht man so sorgfältig, dass nach Abzug der Arbeitstrupps nichts außer einer planierten Geröllfläche übrig bleibt. Von dieser sorgfältigen Verfahrensweise ist man in Russland noch Lichtjahre entfernt.

Die Nacht ist ruhig. Wir liegen gestoppt und blicken auf eine einzelne Laterne, die die kleine amerikanische Siedlung auf Little Diomede kennzeichnet. Es sind die frühen Morgenstunden des 17. August. Torsten feiert heute seinen Geburtstag, und wir versuchen zu ermitteln, der wievielte es an Bord der DAGMAR AAEN ist. Es muss sein fünfter sein. In der Ferne wird die Küstensilhouette Sibiriens von der flach unter dem Horizont liegenden Sonne beleuchtet. Wir befinden uns immer noch südlich des Polarkreises. So klare Sicht, wie wir sie in der heutigen Nacht erleben, ist die große Ausnahme. Meistens herrscht hier dichter Nebel. Tatsächlich sehe ich die Inseln in dieser Deutlichkeit zum ersten Mal. Als wir 1993 aus der Nordwestpassage kamen, hatten wir schweren Sturm. Dem alten Logbuch entnehme ich, dass das Barometer vom 29. zum 30. September innerhalb von 30 Stunden von 1011 hPa auf 967 hPa gefallen war, das sind stattliche 44 hPa. Kalt, müde und ausgebrannt wie wir damals waren, hatten wir nur noch einen Wunsch: So schnell wie möglich nach Süden! Der Sturm war einer von mehreren, die in den vorangegangenen Tagen über uns gekommen waren, und es hatte keine Ausweichmöglichkeit gegeben, da es nirgendwo Schutz vor den eisigen Nordstürmen gab. Mit zeitweise über 9 Knoten segelten wir unter Trysegel und Sturmfock, bis wir schließlich Kap Prince of Wales passierten und damit die Beringstraße. Die Diomede Islands konnten wir damals lediglich auf dem Radarbild ausmachen, das war uns aber gleichgültig. Für Sightseeing stand uns damals nicht mehr der Sinn. Wie sehr sich die Landschaft verändern kann, wenn das Wetter ein wenig freundlicher ist. Als wir letztes Jahr entlang der sibirischen Küste segelten und das Kap Dezhnewa, das russische Pendant zum Kap Prince of Wales erreichten, markierte das für uns gleichzeitig das Ende der Nordostpassage. Allein – das Kap konnten wir in dem dichten Nebel nicht sehen. Da das Wasser dort tief ist, arbeiteten wir uns mit dem Radar so dicht an die Klippen heran, dass wir sie fast berühren konnten. Erst dann sahen wir sie schemenhaft auftauchen, staunten die regennassen und triefenden Felsen an und freuten uns wie Kinder, die ein Versteck gefunden haben. Man muss die Beringstraße offenbar fünfmal durchqueren, bevor man eine solche Sicht hat wie in dieser Nacht des 17. August.

Der Morgen findet uns inmitten der grauen Tschuktschensee wieder. Irrtümlich meinen viele Menschen, dass man unmittelbar nach Durchfahrung der Beringstraße seinen Kurs nach Osten ändern kann und dann der Nordwestpassage folgt. Aber der Blick auf die Landkarte belehrt einen eines Besseren. Alaska reicht viel weiter nach Norden! Wir behalten also einen leicht nordöstlichen Kurs bei, passieren erst den großen Kotzebue Sound und schließlich in Sichtweite die kleinen Siedlungen Point Hope und Cape Lisburne. Wir stoppen an keiner dieser Stellen, weil wir so schnell wie möglich weiter nach Osten gelangen wollen. Mitte August ist üblicherweise ein guter Zeitpunkt, um in die Passage einzufahren – und Mitte September sollte man nach Möglichkeit schon wieder aus ihr raus sein. Danach setzen die schweren Herbststürme ein, die Tage werden kürzer, es beginnt zu frieren und an einigen Stellen bildet sich bereits wieder Neueis. Viel Zeit bleibt also nicht, zudem die Eisprognosen für diesen Sommer nicht sonderlich günstig aussehen.

Unser nächstes Ziel ist der nördlichste Zipfel Alaskas, sozusagen die Wendmarke, an der der Kurs tatsächlich nach Ost geändert wird. Point Barrow heißt die flache Landzunge, die sich in den arktischen Ozean schiebt und in deren unmittelbarer Nähe die nördlichste Siedlung Alaskas liegt – Barrow.

Die ersten Eisfelder lassen sich noch leicht umfahren. Aber es sind auch nur Vorboten. Ich bin immer hin- und hergerissen zwischen der Faszination, die vom Eis ausgeht, und sorgenvollen Überlegungen, welche Überraschung das Eis für uns bereithält (Doppelseite 42/43).

Der Ausguck auf dem Vorschiff gibt mit deutlichen Handzeichen dem Rudergänger Anweisungen, wie er steuern muss. Dem Rudergänger selbst ist die Sicht versperrt (Doppelseite 44/45).

Barrow

Die Folgen des Klimawandels

Am 20. August gehen wir vor der Ortschaft vor Anker. Das Gewässer ist seicht, wir müssen eine halbe Meile Abstand halten, die Wassertiefe nimmt schnell ab. Weiter seewärts liegt ein amerikanischer Eisbrecher, noch dichter unter Land einige Fuel Barges, die von Schleppern mit geringem Tiefgang einfach auf den Strand geschoben werden, um dort in die an Land stehenden Tanks umgepumpt zu werden. Es herrscht eifrige Geschäftigkeit; die Belieferung und Ausrüstung der Ortschaft ist für diesen Sommer nahezu abgeschlossen. Die Schlepperbesatzungen rüsten bereits zum Aufbruch, Tankschläuche werden abgeschlagen, Schleppverbände zusammengestellt – Ende der Saison. Uns schaut man beinahe ein wenig mitleidig an. Über Funk spreche ich mit einem Schlepperkapitän. Segelschiffe sind hier oben die große Ausnahme, deshalb möchte er wissen, woher wir kommen und was wir vorhaben »You are heading east? Well, you better keep moving, there is a lot of ice ahead.« Tatsächlich verspüre ich langsam die alte Unruhe, die mich immer befällt, wenn ich ins Eis fahre. Zum richtigen Zeitpunkt an der richtigen Stelle zu sein, das – neben anderen Faktoren – ist die große Kunst und ist keineswegs so einfach zu realisieren, wie es sich anhört. Durch die Aleutenreise sind wir etwas später dran als geplant, dennoch sind wir immer noch im Limit. Aber wir haben auch keine Zeit zu verlieren. Irgendwie spürt man die Faust im Nacken, in unserem Falle das Eis. Alles Tun, Denken und Handeln dreht sich nunmehr nur noch ums Eis. Es ist mir im Laufe der Jahre in Fleisch und Blut übergegangen. Mich drängt es mit Macht weiter, aber Barrow wollen wir uns trotzdem ansehen.

Es gibt einen Sandstrand, dahinter eine kleine Steilküste, darauf verstreut eine Vielzahl bunter Häuser. Wir ziehen unser Schlauchboot auf den Sand und blicken uns verwundert um. Überall liegen schwarze Plastiksäcke herum, teilweise eingesandet, teilweise hoch gestapelt – hunderte von ihnen. Illegale Müllentsorgung bei den strengen amerikanischen Umweltauflagen? Das kann es wohl schwerlich sein. Wir öffnen einen dieser Säcke und sehen hinein. Er enthält nichts als Sand. Und mit einem Mal fällt es mir wie Schuppen von den Augen: Déjà-vu – hier wird Küsten-

Die DAGMAR AAEN auf ihrem einsamen Kurs durch die Nordwestpassage. Trotz aller Erfahrung für Schiff und Besatzung eine ungeheure Herausforderung.

47

Unmittelbare Folgen der Klimaerwärmung. Sandsäcke an der Steilküste von Barrow sollen die Erosion verhindern – mit mäßigem Erfolg.

schutz betrieben! Irgendwie fühle ich mich an zu Hause, an die Insel Sylt erinnert. Dort sind es die Tetrapoden, die den gleichen Dienst versehen wie hier die Sandsäcke. Die Säcke sollen offenbar verhindern, dass die Brandung die Küste abträgt. In der Tat sieht der Küstensaum arg angefressen und ramponiert aus. Unmittelbar an der Abbruchkante stehen einige Häuser, bedrohlich nahe. Jetzt erst sehen wir, dass die gesamte Steilküste von der Erosion betroffen ist. Warum baut man Häuser so dicht an die Abbruchkante? Wir beschließen, der Sache nachzugehen. Die Ortschaft ist größer als wir erwartet haben. Auch hier ist das Flugzeug das einzige Verkehrsmittel, um an- oder abzureisen. Dennoch gibt es gleich sechs Restaurants und vier Hotels – alle ein

wenig schlicht und rustikal versteht sich, aber eben funktionell und zweckmäßig. Der Ölboom in der Prudhoe Bay hatte in den siebziger Jahren dafür gesorgt, dass aus dem verschlafenen Eskimodorf Barrow eine kleine Stadt mit rund 4000 Einwohnern geworden ist. Barrow wurde zu einer Art Drehscheibe, von wo aus Nachschub und Crews zu den Baustellen in der Tundra geflogen wurden. »It's not the end of the world, but you can see it from here«, lautet ein beliebter Werbeslogan. Damals war der Alkohol noch frei zugänglich, was gerade bei der Urbevölkerung zu furchtbaren Exzessen führte, heute ist der Handel und Verkauf mit Alkohol verboten. Traditionell gehen die Inupiat, wie die Urbevölkerung sich hier nennt, dem Walfang nach. Mit Umiaks, offenen Booten, die mit Walrosshaut bespannt sind, fahren die Jäger auf das mit Eisfeldern bedeckte Meer hinaus, um Grau- und Buckelwale zu jagen. Die Jagd ist gefährlich, entbehrungsreich und die Ausbeute spärlich. Die Polarvölker tragen jedenfalls keine Schuld an der Dezimierung der Wale, was weniger auf ihr Umweltverständnis zurückzuführen ist als vielmehr auf ihre immer noch archaisch wirkenden Jagd- und Fangmethoden. An den Rückwänden der Häuser sehen wir Harpunen, Walbarten, Skelette von Kajaks, Schlitten und anderes Fanggeschirr stehen. War Nome noch primär eine weiße Enklave mit einigen Indianern, ist Barrow eindeutig eskimoisch.

In diesem weltentrückten Ort, in dem die Sonne vom 10. Mai bis zum 2. August nicht untergeht, lebt Christine, eine amerikanische Geschäftsfrau. Sie spricht uns an, als wir die Sandhügel in Richtung Ortschaft stapfen. Christine ist eine begeisterte Seglerin, obwohl ihre aktive Zeit lange zurückliegt. Barrow ist sicher nicht der Ort, um ein Segelboot zu unterhalten, deshalb sind ihr nur die Erinnerung geblieben und die wenigen Segler, die sich hierher verirren. Beim ersten Blick auf die vor Anker liegende DAGMAR AAEN ist sie zum Strand geeilt, um uns dort in Empfang zu nehmen. Sie möchte helfen, wo sie nur kann, bietet Duschen und Waschmaschine an, sogar ihr Haus, sofern wir einmal Abstand vom Schiff haben möchten. Sie ist nett, erfrischend unkompliziert und unglaublich hilfsbereit.

Während wir uns gemeinsam einige aufgebockte Umiaks ansehen, fällt mein Blick auf ein paar der Häuser, die bedenklich nahe an der Abbruchkante stehen. Darauf angesprochen antwortet Christine: »Früher reichte die Küste weiter ins Meer, und die Häuser waren sicher. Es hat sich aber viel verändert. Das Meer ist länger eisfrei als früher. Dadurch ist die Steilküste längere Zeit der nagenden Brandung ausgesetzt. Zugleich taut der Permafrostboden immer weiter und tiefer auf, was der Brandung die Arbeit umso leichter macht. Zusätzlich kann sich über dem nahezu eisfreien Wasser ein deutlich höherer Seegang aufbauen als das früher der Fall war. Der so genannte Fetch, die Strecke, die der Wind über eisfreies Wasser weht und Seegang generiert, hat erheblich zugenommen. Auch Stürme gibt es häufiger als früher. Diese Verkettung von Naturphänomenen beschleunigt die Erosion erheblich. Und das Problem betrifft keineswegs nur Barrow. Andere Siedlungen entlang der Küste wie etwa Shishmaref und Kivalina müssen wahrscheinlich sogar versetzt werden, da ihre Häuser ins Meer abzurutschen drohen. Ein geschätzter

Einige Häuser von Barrow stehen der abrutschenden Steilküste bedrohlich nahe. Damit hatte vor einigen Jahren noch keiner gerechnet.

Überall hängen Jagdutensilien oder Trophäen an den Häusern. Die Jagd spielt für die Ureinwohner traditionell eine wichtige Rolle in ihrem Leben.

Ein Umiak (Grönland). Dieser Bootstyp wurde von den eskimoischen Völkern als Ergänzung zum Kajak entwickelt und wird besonders in Alaska noch heute eingesetzt.

Aufwand von zirka 10 Millionen Dollar, was etwa 100 000 Doller pro Kopf bedeutet.«

Wir sind ein wenig überrascht, wie selbstverständlich Christine vom »Global Warming« spricht.

»Global Warming, gibt es das?«, frage ich sie.

»Ja natürlich«, antwortet sie, »schaut euch doch um!«

An diesem kleinen Beispiel wird deutlich, dass Klimaveränderung auch zunehmend zu einem Problem für die Volkswirtschaften werden wird – mit anderen Worten, sie kostet Geld! Der Küstenschutz wie hier praktiziert, scheint indessen nur wenig Wirkung zu zeigen. Aber was soll man machen?

Auch die Kosten für Search & Rescue-Maßnahmen steigen laut Christine an: Die Schnee- und Eisschmelze setzt früher ein und scheint selbst für orts- und wetterkundige Inupiat schwerer vorhersehbar zu sein. Jäger, die mit ihren Schneemobilen weite Strecken über das Packeis zurücklegen, werden immer häufiger durch aufbrechendes Eis und abdriftende Eisfelder vom Festland getrennt. Durch aufwändige – und entsprechend teure – Rettungsflüge mit Hubschraubern können sie zum Glück meist gerettet werden, für die betroffenen Jäger ist das aber eine völlig neue Erfahrung.

»Die Leute sind besorgt«, fährt Christine fort. »Besonders über den Umstand, wie schnell die Veränderungen voranschreiten.«

Aber auch im Inland sind die Veränderungen zu spüren. In weiten Teilen der normalerweise sumpfigen und baumlosen Tundra, in der außer Gräsern und Moose nur wenige Pflanzen gedeihen, wachsen heute kleine Bäumchen – eine Erscheinung, von der uns in ähnlicher Form auch bereits in Sibirien berichtet wurde. Weiter im Süden Alaskas ist eine Fläche, doppelt so groß ist wie der berühmte Yellowstone Park, vom Borkenkäfer befallen. Schätzungen zufolge sind etwa 40 Millionen Bäume davon betroffen – ein bislang einzigartiger Vorgang, sagt Ed Berg vom National Wildlife Refuge. Der Columbia Gletscher hat in den letzten 20 Jahren um 12 Kilometer abgenommen. Mosquitos, die in Alaska wegen ihrer bemerkenswerten Größe spaßeshalber als »State Bird« bezeichnet werden, nehmen angeblich zu und ziehen weiter nach Norden, wo sie selbst für die Rentierherden zu einem echten Problem werden.

Ich fühle mich an ein Gespräch erinnert, das wir 2002 in Sibirien mit einem alten Tschuktschen geführt haben. Alexander wohnte in der kleinen Siedlung Enurmino, wir hatten ihn zufällig getroffen und waren nach anfänglicher Scheu ins Gespräch gekommen. Die Polarvölker haben

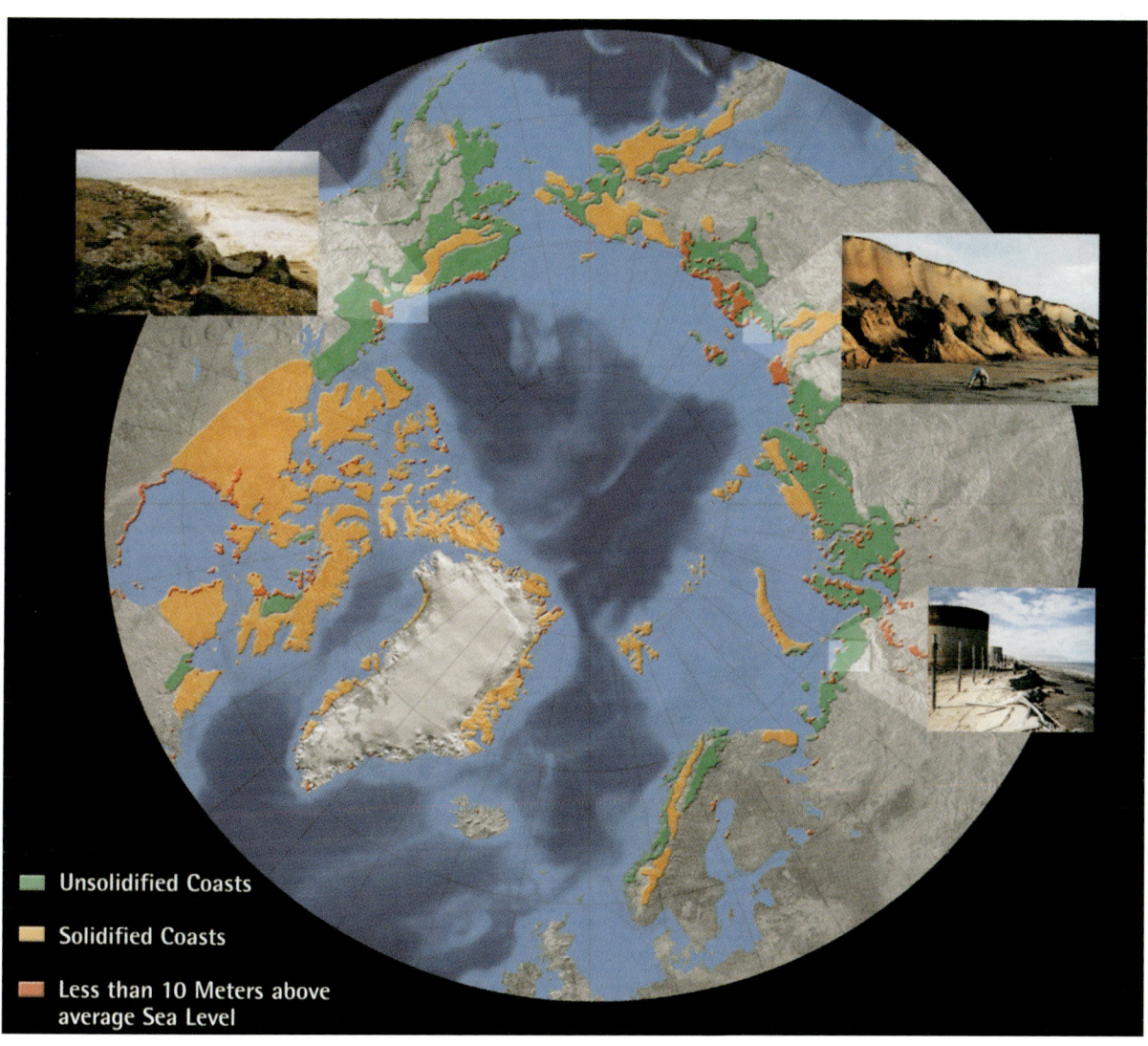

Unsolidified Coasts

Solidified Coasts

Less than 10 Meters above average Sea Level

Die Bodenerosion entlang der arktischen Küsten stellt ein riesiges Problem dar, wie diese Grafik zeigt. Die grünen Fläche weist die Gebiete aus, die der Erosion besonders ausgesetzt sind. Die orangen Gebiete bestehen aus Gestein oder widerstandsfähigeren Zusammensetzungen und sind daher weniger gefährdet. Die roten Landschaften liegen besonders niedrig und gelten als extrem gefährdet.

Der Tschuktsche Alexander, den wir 2002 während der Durchfahrung der russischen Nordostpassage in seinem Dorf Enurmino trafen.

ihre Erfahrungen und Mythen nicht wie andere Kulturen aufgeschrieben, sondern sie der nachfolgenden Generation weitererzählt. Immer und immer wieder, bis sich diese Erzählungen und Kenntnisse in den Köpfen der Kinder eingeprägt hatten. Die alten Märchen und Fabeln sind hunderte, teilweise wahrscheinlich tausende von Jahren auf diese Art und Weise überliefert worden. Der tschuktschische Schriftsteller Juri Rytchëu hat einige von ihnen in eindrucksvoller Form niedergeschrieben. Man brauchte kein Papier und keine Bücher – die Geschichte lebte in den Köpfen der Menschen fort, stets gegenwärtig und plastisch. Und natürlich waren ein wesentlicher Bestandteil der Überlieferungen die Berichte über die klimatischen Verhältnisse. Wann fror das Meer zu? Wann trug das Eis die

Jäger? Gab es Unregelmäßigkeiten? Wann brach das Eis im Sommer auf? Wann war der beste Zeitpunkt, um Walrosse zu jagen, und welches war die beste Zeit, um auf Fischfang zu gehen? Welche Winter waren besonders schneereich oder besonders kalt? Wann gab es die heftigsten Stürme? Fragen von existentieller Bedeutung für die Menschen, die in diesem harten Klima überleben müssen. Ob sich am Klima seiner Meinung nach etwas geändert hat, wollten wir von Alexander wissen. Aus früheren Gesprächen mit Inuit weiß ich, dass dies als eine typische Frage eines »Weißen« verstanden wird und in der Regel ein nachsichtiges Kichern nach sich zieht. Was verstehen die schon von der Arktis? Man war zu stolz, um sich darüber mit einem Fremden zu unterhalten. Und über die öffentlich geführte Diskussion über das Global Warming hat man zumindest in den einsamen Dörfern Sibiriens noch nichts gehört. Umso überraschender war Alexanders Reaktion für uns:

»Eeeeeh«, begann er nachdenklich, »das Wetter ist anders geworden. Wir bekommen im Winter mehr Schnee als früher, es gibt auch mehr Stürme, und die Natur verändert sich.«

»Was meinst du damit, die Natur verändert sich?«, fragten wir nach.

Er ließ sich Zeit mit seiner Antwort, blickte ein wenig versonnen in die Ferne und begann aufs Neue: »Wir fangen mitunter Fische, die wir vorher noch nicht gesehen haben. Die Wale bleiben aus, und an einigen Stellen wachsen Pflanzen, die es hier früher nicht gegeben hat. Weiter im Süden, ja, aber nicht hier im Norden.«

Woran mag das liegen?, wollten wir von ihm wissen.

»Was weiß denn ich, vielleicht liegt es an den Flugzeugen, den Amerikanern, den Fabriken – keine Ahnung!«

Die Tschuktschen konstatieren die Veränderungen und reagieren entsprechend. Sie arrangieren sich mit den veränderten Gegebenheiten, mit Ursachenforschung geben sie sich nicht weiter ab. Klimaforscher haben mittlerweile erkannt, dass die Überlieferungen und Einschätzungen der Polarvölker eine wichtige »Datenbank« darstellen. Die moderne Polarforschung ist so alt noch nicht. Gesicherte Daten etwa aus dem 19. Jahrhundert kann man höchstens aus den vergilbten Logbüchern der alten Seefahrer und Walfänger ablesen. Die haben damals mit Akribie ihre Bücher geführt und dabei unter anderem auch den jeweiligen Verlauf der Eisgrenzen genau dokumentiert. Einer der bekanntesten war der englische Walfangkapitän William Scoresby, der nicht nur Wale fing, sondern ganz nebenbei ganze Küstenstriche entdeckte und vermaß. Der größte Fjord der Welt, an der Ostküste Grönlands gelegen, wurde von ihm entdeckt und trägt heute seinen Namen. Norwegische Wissenschaftler vom Polarinstitut (NPI) in Tromsö haben die alten Logbücher daraufhin analysiert und in mehr als 15 Jahren Arbeit Eiskarten und Klimadaten mühevoll in Computer eingegeben. Darunter befand sich auch z.B. das Logbuch des Sylter Kapitäns Boy Lorentz Petersen, der im Jahre 1799 seine Brigg JOMFRUE GIERTRUD im Eis vor Grönland verlor. Sein Logbuch wurde unlängst in einem Archiv in Kopenhagen wiederentdeckt und von den norwegischen Wissenschaftlern analysiert. Darin enthalten sind detaillierte Beschreibungen des Eises, der jeweiligen Position sowie des Wetters. Insgesamt besteht die Datenbank aus rund sechstausend Karten, die aus den umfangreichen Unterlagen entstanden sind. Mittels dieser Datenbank lässt sich die Klimageschichte hunderte von Jahren zurückverfolgen. Amerikanische Wissenschaftler führen unterdessen Interviews mit Ureinwohnern der arktischen Regionen. Die über Generationen geschulte Beobachtungsgabe der Polarvölker stellt eine weitere einzigartige »Datenbank« dar, die bei der Bewertung der aktuellen Klimaproblematik helfen soll.

Bevor wir den Anker lichten und endgültig in den Arktischen Ozean einfahren, gehen wir bei einer der Fuel Bargen längsseits. Für eine »Hand voll Dollar« wechseln einige hundert Liter Diesel den Besitzer. Wo immer wir unsere Brennstoffvorräte auffüllen können, machen wir davon Gebrauch. Von jetzt an kann uns das Eis jederzeit festhalten.

Am 21. August um 22 Uhr hieven wir bei dichtem Schneetreiben den Anker. Der Schlepperkapitän wusste, wovon er sprach, als er mir empfahl zügig weiterzufahren.

Eine Aufnahme einer früheren Expedition: Die DAGMAR AAEN liegt Ende August 1997 im Inneren des Scoresbysundes in Ostgrönland vor Anker. Es sind Momente, in denen die Zeit still zu stehen scheint (Doppelseite 54/55).

Nichts geht mehr. Die Situation sieht friedlich und beschaulich aus. Gleichwohl geht von dem Eis eine latente Bedrohung aus. Es macht mit uns, was es will (Doppelseite 56/57).

Die Suche nach dem Weg

Der geheimnisvolle Weg nach Cathay

Sage niemand, der Vatikan stünde über solch weltlichen Dingen wie Politik und Kommerz. Im Jahre 1494 entwickelte er sich zum Lobbyisten ohnegleichen, indem Papst Alexander VI. im Vertrag von Tordesillas die Welt in eine westliche und östliche Hemisphäre einteilte. Die viele Jahre dauernden Streitigkeiten zwischen Portugal und Spanien über die überseeischen Besitztümer und Handelswege wurden durch die in dem Vertrag festgelegte Demarkationslinie ein für alle Mal, wie man meinte, besiegelt. Die päpstliche Grenze verlief rund 400 Kilometer westliche der Kapverden und schrieb alle östlich davon liegenden Länder Portugal zu, alle westlich davon liegenden gingen an Spanien. Weder vorher noch hinterher hat es jemals wieder einen derartigen Gebietsanspruch irgendeiner Nation gegeben, und sei sie noch so imperialistisch geprägt gewesen. Diese Annexion mit oder ohne päpstlichen Segen ist einzigartig in der Geschichte. Selbst der Kolonialismus des 19. Jahrhunderts wirkt dagegen geradezu maßvoll.

Bedrohung und Faszination zugleich. Dichte Eisfelder zwingen uns zu Zickzackkursen und langsamer Fahrt.

Als Marco Polo im 13. Jahrhundert von seiner 24 Jahre dauernden Weltreise nach Venedig zurückkehrte, berichtete er über die ungeheuren Reichtümer, die er im fernen Cathay (China) gesehen hatte. Gold, Silber und Geschmeide und – was fast genauso wertvoll war – Gewürze. Cathay lockte mit seinen Reichtümern, aber die Reise dorthin war weit und gefährlich, wie Marco Polo selbst zu berichten wusste. Der Landweg führte durch klimatische Extreme, gespickt mit behördlichen Schikanen der jeweiligen Länder, und war zudem höchst gefährlich, da sich Wegelagerer an den Handelsreisenden gütlich taten und sie mal ausraubten, mal totschlugen – ganz nach Belieben. Bereits 1487 hatte Bartolomeu Diaz das Kap der Guten Hoffnung, den Südzipfel Afrikas, gerundet und damit den Seeweg nach Asien gewiesen. Vasco da Gama nutze die Kenntnis dieser Route und erreichte zehn Jahre später Indien. Von dort bis nach China war es vergleichsweise nur noch ein Katzensprung. Diese Route war durch die päpstliche Bulle Portugal zugeschrieben worden, das eifersüchtig über die Einhaltung seiner Exklusivrechte wachte. Die Route über die neue Welt wollte dagegen erst noch gefunden werden. Ein Genueser in Diensten der spanischen Krone – die Portugiesen hatten ihn zuvor abgewiesen – sollte diesen Weg entdecken. Sein Name: Christoph Kolumbus. Zwar entdeckte Kolumbus nicht den Weg nach Indien, wie er glaubte, dafür aber die Inseln, die der gewaltigen Landmasse des Doppelkontinents Amerika vorgelagert sind. Erst der Spanier Balboa überquerte 1513 die Landenge von Panama und taufte das sich vor ihm ausbreitende Meer »Südsee«. Es folgten die anderen Entdecker wie Fernando Magellan, dem im äußersten Süden Südamerikas die erste Durchfahrt mit seinen drei Schiffen glückte. 1578 schließlich gelang es dem Freibeuter und Piraten Sir Francis Drake im Dienste der englischen Krone mit der GOLDEN HIND ebenfalls, im Süden durchzubrechen, womit er eindeutig gegen den Vertrag von Tordesillas verstieß. Streitbar und abenteuerlich gestimmt wie er war, setzte er sich über das päpstliche Verdikt hinweg. Die Reise Drakes machte bereits deutlich, dass es den aufstrebenden Nationen wie England, Holland und Frankreich durchaus nicht gleichgültig war, wie die Nutzungsrechte der Welt aufgeteilt waren. Man wollte seinen Anteil am Kuchen haben und suchte verzweifelt nach einer Möglichkeit, Zugang zu den Reichtümern Asiens zu erhalten. Erste Weltkarten mit ungewöhnlicher Projektion tauchten auf, wie etwa die von Gerhard Kremer, der unter dem Namen Gerhardus Mercator bekannt wurde. Die Vorstellung, dass die Erde eine Kugel ist, stand immer noch im krassen Gegensatz zur kirchlichen Lehre und forderte unnachgiebig die heilige Inquisition heraus. Mercator und andere Zeitgenossen von ihm publizierten daher in Holland, das kurzerhand seine Unabhängigkeit von Spanien erklärt hatte. Noch

1642 hatte die Inquisition Galileo Galilei unter Androhung von Folter gezwungen, seine ketzerischen Vorstellungen über die Kugelgestalt der Erde und den Lauf der Planeten und des Sonnensystems zu widerrufen. Nach seinem erzwungenen Widerruf soll er den berühmten Satz zwischen den Zähnen hervorgeknirscht haben: »Und sie bewegt sich doch!« Hätte einer der beteiligten Inquisitoren auch nur ein Sterbenswörtchen davon gehört, hätte wohl Galileos letztes Stündlein geschlagen.

Unter dieser Machtkonstellation des ausklingenden 15. Jahrhunderts und des beginnenden 16. Jahrhunderts muss man die Überlegungen der aufstrebenden Nationen verstehen, wie man den Spaniern und Portugiesen ein Schnippchen schlagen konnte. England nahm daher den Vorschlag des Italieners Sebastian Cabot gern auf, nach einer Durchfahrt im Norden zu suchen. An den nordeuropäischen Küsten waren gelegentlich Gegenstände angespült worden, deren Herkunft man sich nicht erklären konnte. Zugleich war Cabot geprägt von der Schule des florentinischen Astronomen Toscanelli, der – obwohl das wiederum den Zorn der Inquisition heraufbeschwor – steif und fest behauptete, die Erde sei eine Kugel. Dann – so Cabot – musste es auch möglich sein, auf einer Nordroute Cathay zu erreichen. Diese erste Forschungsreise Cabots im Jahre 1509 führte immerhin zur Entdeckung der Hudsonbai. Eine Reise, die für die damaligen Schiffe und deren Ausrüstung geradezu bahnbrechend war. In seinem Kielwasser machten sich andere Expeditionen auf, darunter befanden sich Martin Frobisher, der Baffin Island entdeckte (1576–1578), sowie John Davis, der auf drei

Expeditionen die nach ihm benannten Gewässer zwischen Grönland und der heutigen kanadischen Arktis bereiste. Danach ging es Schlag auf Schlag.

Henry Hudson folgte 1610/11 Cabots Spuren und segelte in die später nach ihm benannte Bay ein. Dort wurde er allerdings samt seines Sohnes kurzerhand von der meuternden Besatzung in einem Beiboot ausgesetzt. Man hat nichts über seinen Verbleib gehört. Überhaupt waren die ersten Fahrten von massiven Verlusten und tra-

Gerhardus Mercator hat diese Karte bereits im Jahr 1569 veröffentlicht.

Diese Form der Kartenprojektion war bahnbrechend.

gischen Entwicklungen begleitet. Der Däne Jens Munk etwa verlor 61 Männer seiner 64 Mann starken Crew. Immerhin schaffte er es dennoch, wieder nach Hause zu segeln.

Die Suche nach einer möglichen Durchfahrt beschränkte sich natürlich nicht nur auf die

Suche nach einer nordwestlichen Durchfahrt, sondern gleichzeitig versuchte man auch, entlang der russischen Küste eine Nordostdurchfahrt zu finden. Im Jahre 1553 stachen unter der Leitung von Richard Chancellor und Hough Willoughby sowie Stephan Burrough von England aus drei Schiffe in See, um die Nordostpassage zu entdecken. Die Verluste an Menschleben waren hoch. In den Jahren 1594–1597 beteiligten sich auch die Holländer unter der Leitung von Wilhelm Barents an der Suche. Die Expedition erreichte die Nordspitze der Insel Nowaya Zemlya, was als eine außergewöhnliche Leistung gewertet werden muss. Nach dem Verlust des Schiffes musste die kleine Mannschaft einen polaren Winter auf der Insel verbringen, bevor sie sich 1597 mit Rettungsbooten nach Süden durchschlagen konnte. Es war vermutlich die erste erfolgreiche Überwinterung von Europäern in der Hocharktis. Barents selbst überlebte die Strapazen zwar nicht, hinterließ aber sehr sorgfältige Aufzeichnungen. Selbst die Überwinterungshütte war so solide gebaut worden, dass sie den arktischen Stürmen über Jahrhunderte standhielt. 1871 fand der norwegische Kapitän Elling Carsen zufällig das alte Winterlager von Barents, das sich nach fast 300 Jahren immer noch in einem passablen Zustand befand.

Die Entdeckung einer Passage nach Asien über eine der Nordrouten schien jedes Risiko und beinahe jeden Preis zu rechtfertigen. Dabei standen

aber nicht etwa die Suche nach neuen Erkenntnissen im Vordergrund, sondern handfeste wirtschaftliche Interessen. Auch das nationale Prestige war anfangs eher von untergeordneter Rolle. Das kam erst später hinzu. Barents' Expedition war ausschließlich von Kaufleuten finanziert worden. Realität und Wunschdenken vermengten sich zeitweise zu einem unseligen Durcheinander. So auch die Behauptung des international renommierten deutschen Geografen August Petermann. Petermanns Vision von einem eisfreien Polarmeer, die – obwohl er selbst niemals im Norden war – mit aller Hartnäckigkeit von ihm vertreten wurde, kostete zahlreiche Seeleute das Leben. Bei dem Versuch, auf direktem Weg das Polarmeer zu überqueren, wurden ihre Schiffe vom Packeis zerstört. Die Hungermärsche der Schiffbrüchigen durch die Eiswüste zählen zu den großen polaren Dramen schlechthin. Selbst wenn sie die fernen Küsten erreichten, fanden sie sich dennoch meist an einsamen, menschenleeren Gestaden wieder, wo die Überlebenschancen nur unwesentlich besser waren als auf dem Polarmeer.

Doch Petermann ließ nicht locker. Um seine Theorie zu beweisen, rüstete er sogar selbst eine Expedition aus – ohne aber daran teilzunehmen. Seine »1. Deutsche Nordpol Expedition« unter der Leitung von Kapitän Karl Koldewey bildete zugleich den Grundstein für die deutsche Polarforschung. Ein Wissenschaftler war nicht an Bord, primär ging es darum, einen Weg über das Polarbecken nach Asien zu finden. Petermann verstieg sich zu allem Überfluss in der Behauptung, dass diese Route entlang der Ostküste Grönlands auf direktem Weg über den Nordpol

Das sichere Ende vor Augen, zeigt das Gemälde den von der Mannschaft in einem Boot ausgesetzten Henry Hudson mit seinem Sohn.

Der an Entbehrungen und Erschöpfung sterbende Wilhelm Barents. Seine Expedition setzte neue Maßstäbe, und es dauerte lange, bevor eine ähnliche geografische Breite erneut erreicht wurde.

hinweg zur Beringstraße führen würde. Man müsse lediglich einen Packeisgürtel durchbrechen, dahinter fände man dann ein offenes Polarmeer vor. Ausgerechnet Ostgrönland! Die Seefahrer und Walfänger schüttelten über solchen Unsinn nur die Köpfe. Sie wussten es besser. Gerade die Ostküste Grönlands gilt aufgrund der nach Süden setzenden Meeresströmung mit den schweren Eisfeldern als besonders undurchdringlich und gefährlich. Und auch Koldewey glaubte nicht an das Märchen vom offenen Polarmeer. Zwar kam die GRÖNLAND heil zurück, aber einen Weg durchs Eis hatte man nicht gefunden. Der sollte nun schließlich im zweiten Anlauf gefunden werden. Mit zwei Schiffen, der GERMANIA und HANSA, brach Koldewey erneut auf – ohne die gesuchte Durchfahrt zu finden. Dabei verlor die Expedition eines der Schiffe durch Eispressungen. Umso größer ist die Leistung von Koldewey zu bewerten, dass er auf zwei Expeditionen nicht nur alles versuchte, Petermanns Auftrag zu erfüllen bzw. das Gegenteil seiner Theorie zu beweisen, sondern darüber hinaus alle Mann heil zurückbrachte und trotz der Strapazen kartografierte, beobachtete und dokumentierte. Erst Adolf Erik Nordenskiöld gelang es, im Jahre 1878 mit seinem Schiff Vega die Nordostpassage zu durchfahren. Dabei folgte er weitgehend der Küstenlinie Sibiriens. Zu diesem Zeitpunkt hatten die Nordrouten aber bereits ihre wirtschaftliche Attraktivität zumindest vorübergehend eingebüßt. Der Vertrag von Tordesillas war längst Geschichte geworden. Die Clipperschiffe segelten in Rekordzeit von Europa nach China und zurück, es kam die Zeit der großen Rahsegler, die auch den Winterstürmen Kap Hoorns trotzten, und wenig später die ersten Dampfschiffe, die den Seglern ihre Vorherrschaft streitig machten. Dessen ungeachtet ging die Suche nach der Nordwestpassage unbeeindruckt weiter. Die Katastrophe der Franklin-Expedition, von der später noch die Rede sein wird, generierte allein 40 Suchexpeditionen, in deren Verlauf die Passage weitgehend entschlüsselt wurde. Im Grunde genommen ging es jetzt aber nicht mehr um die Suche nach einem Weg nach Asien. Stattdessen war die Passage zu einer Art Bühne geworden, auf der die Nationen die Heldenmütigkeit ihrer Untertanen der zuschauenden Weltöffentlichkeit vorspielen konnten. Es war wie eine Art Showroom, in dem Tugenden wie Treue, Durchhaltevermögen, Furchtlosigkeit, Gehorsam und Selbstaufopferung für König und Vaterland wirkungsvoll in Szene gesetzt wurden. Und natürlich ging es auch um persönlichen Ehrgeiz, um Anerkennung der Akteure und um die Verbesserung ihres sozialen Status. Ein Polarfahrer genoss damals etwa den gleichen gesellschaft-

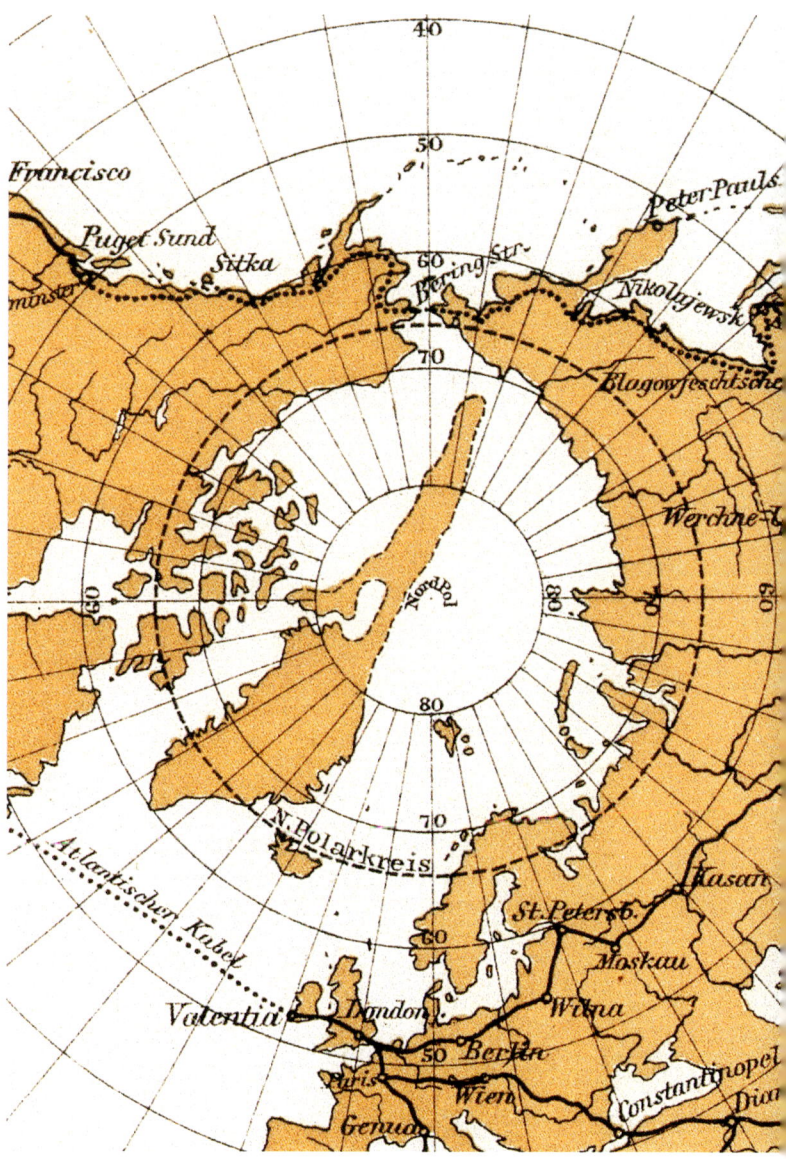

Die von August Petermann vertretene idealisierte Vorstellung über den Küstenverlauf Grönlands. Petermann war ein glühender Vertreter der Theorie vom offenen Polarmeer.

Die in Kiel bei HDW nach den Plänen der FRAM gebaute GAUSS, mit der Erich von Drygalski seine Antarktisexpedition unternahm. Danach wurde sie nach Kanada verkauft und fuhr unter dem Namen ARCTIC noch bis in die 1940er-Jahre.

lichen Stellenwert wie die Astronauten der ersten Mondlandeunternehmen der NASA.

Amundsen war nur einer von vielen, wenn auch derjenige, der mit seiner Durchfahrung den Schlusspunkt unter das Kapitel Erforschung der Nordwestpassage setzte. Er brauchte lediglich die Puzzleteile, die andere vor ihm zusammengetragen hatten, zusammensetzen und die fehlenden Teile zu ergänzen.

Alle Einzelschicksale von Schiffen, deren Besatzungen oder auch der Überlandexpeditionen aufzuzählen, soll nicht Gegenstand dieses Buches sein. Aber ein wichtiger Aspekt darf nicht unerwähnt bleiben: Die Berichte über die Entdeckung der Nordwestpassage konzentrieren sich fast immer auf die europäischen oder amerikanischen Expeditionen. Was die Chronisten fast immer unterschlagen, ist die Geschichte der nordamerikanischen Eingeborenen, die lange vor den ersten europäischen »Entdeckern« diese Landschaft als Lebensraum für sich erschlossen hatten. Sie sind die eigentlichen Entdecker der Passage! Während die Schiffe der Forscher im Eis zerbarsten und Mannschaften an Hunger, Skorbut, Ignoranz und ungeeigneter Ausrüstung zu Grunde gingen, entwickelten die Ureinwohner eine perfekte Anpassung an die harschen Lebensbedingungen. Mehr noch, sie entwickelten sich weiter und bildeten unterschiedliche Kulturstufen aus. Sie führten ein hartes, aber aus ihrer Sicht normales und glückliches Leben. Die Fremden schafften es nicht, sich von der heimischen Gedankenwelt, deren Wertvorstellungen und Illusionen zu lösen. Die Arktis aber ist kein Ort, der für Illusionen Raum lässt.

Der Versuch der Fremden, ihre eigene Welt in den arktischen Lebensraum zu transportieren, musste scheitern. Nur wenige von den westlichen Abenteurern schafften die Anpassung und den geistigen Sprung hinüber. Diejenigen, denen das gelang, waren nicht nur erfolgreich, sondern wurden auch von den Ureinwohnern akzeptiert. Die Leistungen der eskimoischen Völker jedoch sind mit wenigen Ausnahmen nie wirklich gewürdigt worden. So wie sie beim Bau der Thule Airbase den militärischen Interessen einer Supermacht weichen mussten, ohne dass man ihrer weiteren Zukunft auch nur einen Gedanken widmete, so wurden sie in den Büchern der Entdeckungsgeschichte bestenfalls mit einer Fußnote bedacht.

Der Kontakt mit den Weißen hat ihnen nicht viel Gutes eingebracht. Um die Jahrhundertwende (1900) beutete eine derart große Zahl an Walfangschiffen die Gewässer der Beaufortsee, Hudsonbai und Davisstraße aus, dass sie nicht nur den Bestand der Wale nahezu vernichteten, sondern auch die uralte Kultur der Inuit in ihren Grundfesten erschütterten. Alkoholismus, Syphilis, Gewalttätigkeiten, die den Menschen zuvor nahezu unbekannt waren, zerstörten die alten sozialen Bande. Junge und Alte starben an Krankheiten, Alkoholexzessen und Gewalttätigkeiten. Diese Entwicklung veranlasste schließlich die kanadische Regierung, Polizei- und Zollstationen im hohen Norden einzurichten. 1904 erwarb die kanadische Regierung zudem die in Deutschland gebaute GAUSS, ein fast neues, eisgängiges Segelschiff, das für Erich von Drygalskis zweijährige Antarktis-Expedition bei HDW in Kiel nach dem Vorbild der FRAM noch komplett aus Holz gebaut worden war. Das Schiff wurde in CGS ARCTIC umbenannt und unternahm zahlreiche Kontrollfahrten unter dem Kommando des legendären Kapitäns Joseph Bernier.

Eine der ersten Polizeistationen wurde auf Herschel Island, unmittelbar vor der Nordküste am Mackenziedelta gelegen, errichtet. Wir wollen diese Insel mit der DAGMAR AAEN besuchen.

Herschel Island mit Pauline Cove. Auf dem oberflächlich angetauten Permafrostboden bilden sich Schmelzwassertümpel. Das Gebäude wurde von den Rangern gebaut und ist jüngeren Datums (Doppelseite 68/69).

Herschel Island

Der Konflikt Naturschutz contra wirtschaftliche Nutzung der Resourcen

Die gute Fernsicht in den Polarregionen ist phänomenal. Während wir der Küste Alaskas in östlicher Richtung folgen, blicken wir auf die schneebedeckten Berge der Brooks Range, einer Gebirgskette, die 150 oder gar 200 Kilometer von unserer Position entfernt liegt. Es sieht so aus, als wären die Berge gerade mal 20 Kilometer entfernt. Am seewärtigen Horizont bilden sich im Sonnenlicht Fata Morganen, Luftspiegelungen, die uns gewaltige Eisberge vorgaukeln. Dabei sind es nur gespiegelte und vergrößert abgebildete Eisfelder. Die Kraft der Stille, der Einsamkeit, der Klarheit der Wahrnehmung berühren mich immer wieder aufs Neue. Hier gibt es keine Ablenkung, alles ist unmittelbar und intensiv. Für jemanden wie mich, der aus dem von Termingerangel beherrschten, hektischen, dicht besiedelten Deutschland kommt, wirkt die Stille wie ein Sanatorium für die Seele. Auch hier gibt es Verbindlichkeiten gegenüber dem Alltag, gibt es Zeitabläufe, die einzuhalten sind. Aber alles ist unmittelbarer, wahrhaftiger und naturbestimmt. Das macht den Unterschied aus, der mich innerlich tief durchatmen lässt.

Die Seekarte weist einen Punkt an Land als »Demarcation Point« aus – genau dort verläuft die Grenze zwischen Alaska und Kanada. Eine Grenzstation oder dergleichen gibt es nicht, wer es bis hierher aus eigener Kraft geschafft hat, wird vorerst nicht kontrolliert. Dafür treffen wir auf die ersten dichteren Eisfelder. Zum ersten Mal auf dieser Reise klettere ich in die Eistonne, um die Eislage besser beurteilen zu können. Die Schollen tanzen leicht in der Dünung, es sollte kein Problem sein, zwischen ihnen hindurchzufahren. Dennoch blicke ich nachdenklich über das Meer. Diese Eisschollen sind lediglich Vorboten. Mir ist klar, dass wir bald in dichteres Eis fahren werden.

Am 24. August erreichen wir in den späten Nachmittagsstunden Herschel Island. Vom Sonnenlicht geflutet liegt die Insel malerisch vor uns. Als wir am 21. September 1993 hier Station machten, geschah das aus purer Vorsicht. Ein Orkan war aufgezogen und fegte mit unglaublichen 70 Knoten konstanter Windgeschwindigkeit über das Land und die See. Es war rabenschwarze Nacht,

Herschel Island war früher ein Treffpunkt der amerikanischen Walfänger. In der Bucht fanden die Schiffe Schutz vor dem schweren Packeis und konnten in relativer Sicherheit überwintern.

Die BREMEN im Jahr 2003 während ihrer Reise durch die Nordwestpassage.

Selbst mit Eisbrecher-unterstützung ein schwieriges Unterfangen.

der Anker hielt dem ungeheuren Winddruck nicht stand, und so mussten wir die ganze Nacht beidrehen und immer wieder unter Landabdeckung zurückkehren. An einen Landgang war nicht zu denken, auch nicht als der Sturm am nächsten Tag weitergezogen war, denn das nächste Unwetter hatte sich bereits auf der Wetterkarte angekündigt. Wir mussten so schnell wie möglich weiter zur Beringstraße. Damals hatte ich mir vorgenommen, irgendwann mit etwas mehr Zeit im Gepäck an diesen Ort zurückzukehren. Jetzt ist es soweit.

Als wir in die Thetis Bay einbiegen, sehen wir ein weißes Kreuzfahrtschiff vor Anker liegen. Es ist die BREMEN der Reederei Hapag Lloyd. Da es nicht so viele Schiffe gibt, die in diesen Breiten unterwegs sind, trifft man sich gelegentlich an den einsamsten und sonderbarsten Orten, ob nun in antarktischen oder wie in diesem Fall in arktischen Gewässern. Man verfolgt die Reiserouten und die Terminplanungen der betreffenden Schiffe, und natürlich haben sich im Verlauf der Jahre auch freundschaftliche Verbindungen zu einigen der Crews und zur Schiffsführung entwickelt. In diesem Fall ist sogar ein ehemaliges Crewmitglied der DAGMAR AAEN an Bord: Henryk Wolski. Henryk hatte nicht nur an der Durchfahrung der Nordwestpassage im Jahre 1993 auf der DAGMAR AAEN teilgenommen, sondern war auch 2002 an Bord, als wir die Nordostpassage durchsegelten. Derzeit arbeitet er auf der BREMEN als »Expedition Leader«. Kein Zufall also, wir haben uns hier per Funk verabredet. Die BREMEN kommt uns aus der Passage entgegen und hat damit die noch vor uns liegende Strecke bewältigt. Der Kapitän Daniel Felgner hält interessante Informationen für uns bereit. Noch während wir in die Bucht einfahren, kommt uns Henryk mit einem Zodiak des Kreuzfahrers entgegen. Es ist ein merkwürdiges Zusammentreffen, und ich glaube, Henryk ist in diesem Moment auch ein wenig wehmütig ums Herz geworden.

Wir machen unser Schiff an einer alten Betonkonstruktion fest, die vor Jahren einer in der Beaufortsee nach Öl bohrenden Firma diente. Ein Stück weiter in der Bucht liegt ein riesiges Bohrschiff, verlassen, ohne eine Menschenseele an Bord. Aber es ist dort nicht vergessen worden, sondern wartet offenbar auf eine neuerliche Verwendung. Das Monstrum sieht hässlich aus und passt so gar nicht die arktische Landschaft. Irgendwie wirkt es bedrohlich – was es tatsäch-

lich auch für die arktische Umwelt ist. Zwar rechnet sich momentan die Ölförderung in der Arktis nicht, doch es ist wohl nur eine Frage der Zeit, wann die Förderung wieder aufgenommen wird. Das gilt insbesondere für die Barentssee im russischen Teil der Arktis, aber auch für die nordamerikanische Beaufortsee. In den späten 1970er-Jahren wurde bereits intensiv vor der Küste Alaskas und Kanadas nach Öl gebohrt. Tuktoyaktuk, kurz Tuk genannt, ist ein kleiner verschlafener Ort im Mackenziedelta. Er war damals so etwas wie eine Boomtown, ein Vorposten für die Ölfirmen. Von dort aus liefen die Bohrinselversorger aus, starteten die Helicopter und Flug-

Ein riesiges Bohrschiff wartet schon seit Jahren fest verankert und unbemannt in der Bucht vor Herschel Island auf einen neuerlichen Einsatz.

Der Kapitän der BREMEN, Daniel Felgner, zeigt mir auf der Brücke die neuesten Eiskarten und

Fotos von den schwierigen Eisverhältnissen der eigenen Reise.

zeuge zu den Ölplattformen, die wegen des Eises nicht auf Stelzen standen, sondern auf künstlich aufgeschütteten Inseln. Später wurden die Bohrvorrichtungen zwar wieder abgebaut, aber die künstlichen Inseln blieben, bis sie langsam vom Eis und der See wieder abgetragen wurden. Dennoch gibt es jetzt in der Beaufortsee in der Seekarte ausgewiesene Stellen, die für die Schifffahrt gefährlich sind, weil dort die Fundamente der alten Plattformen im seichten Wasser stehen. An sich vielleicht nichts Ungewöhnliches, mag man denken –, aber in diesen Breiten rechnet man irgendwie nicht damit.

Als wir entlang der Nordküste Alaskas gesegelt sind, hatten wir in Sichtweite auch die kleine Siedlung Kaktovik passiert. 256 Menschen leben dort, 88 % davon sind Ureinwohner. Kaktovik liegt in einem Naturreservat, dem Arctic National Wildlife Refuge (ANWR), das etwa die Größe von Österreich hat. Allen Widerständen von Umweltschützern zum Trotz hat der amerikanische Senat beschlossen, genau hier nach Öl zu bohren, obwohl es von Präsident Jimmy Carter seinerzeit unter Schutz gestellt worden war. Prudhoe Bay, wo seit den 1970er-Jahren nach Öl gebohrt wird, liegt etwa 100 Kilometer westlich davon, aber offenbar lassen dort die einstmals ergiebigen Vorkommen langsam nach. Man sucht nach alternativen Ölvorkommen. Probebohrungen in der Tundra hat es bereits gegeben, die Ergebnisse sind jedoch Verschlusssache. Die Befürworter des Abbaus und die Gegner stehen sich unversöhnlich gegenüber. Die einen argumentieren, das Projekt schaffe Wachstum und Arbeitsplätze, die anderen halten dagegen, dass die Ölvorkommen maximal 4 % des täglichen Bedarfs der USA decken würden und bereits nach spätestens 30 Jahren erschöpft seien. Dafür sei der Preis zu hoch, den die Natur zu zahlen habe. Die Einwohner von Kaktovik sind ebenfalls gespalten. Die Natur ist ihre Lebensgrundlage. Einerseits wollen sie die Wildnis erhalten und schützen, anderseits wollen und brauchen sie die wirtschaftliche Entwicklung – ein Zwiespalt, der sich auch bei anderen Projekten in der Arktis abzeichnet. Jimmy Carter schrieb seinerzeit: »Das ANWR ist einzigartig, das letzte, wahrhaft großartige Wildnisgebiet der Vereinigten Staaten. Es wird ein grandioser Triumph für Amerika sein, wenn es uns gelingt, ANWR in seinem reinen, unberührten Zustand zu erhalten. Dieses außergewöhnliche Land sich selbst zu überlassen, wäre das größte Geschenk, das wir zukünftigen Generationen machen können.«

Die Landschaft ist die Heimat der berühmten Porcupine Herde, die aus über 120 000 Karibus besteht und auf ihrer jährlichen Wanderung das ANWR durchzieht. Würden hier Straßen, Bohrplattformen und Pipelines gebaut, würden nicht nur die Wanderwege der Karibus empfindlich gestört, sondern auch die Brutplätze von Millionen von Vögeln beeinträchtigt – so sehen es die Naturschützer. Es ist ein Gewissenskonflikt, ein Zwiespalt, der quer durch alle politischen Fraktionen wie auch durch die Bevölkerung verläuft. Aber betrachtet man den Verlauf der Geschichte, wird ziemlich offenkundig, wer am Ende die Oberhand gewinnen wird – ob zum Guten der Umwelt darf zumindest bezweifelt werden.

Unter dem Titel »Advancing with Technology« ist in der Frühjahrsausgabe 2004 der Zeitschrift »Far North, Oil & Gas« zu lesen:

»Der Umgang mit Permafrost ist nur eine der Herausforderungen, der sich die NAPEGG (Zusammenschluss von Ingenieuren, Geologen und Geophysikern im Auftrage der Regierungen der Northwest Territories und von Nunavut) in den vergangenen Jahren gegenübersahen. Vom Meeresboden des Beaufort Deltas bis zu den kargen Landschaften der Tundra galt es für die Projekte, immer wieder Hindernisse zu überwinden. Aber durch Innovation und Technologie haben es NAPEGG-Mitglieder immer wieder geschafft, sie zu bewältigen.«

Überhaupt wirkt dieses von der Ölindustrie verlegte Magazin wie ein Blick in die Zukunft. Unter dem Foto des neben uns in der Thetis Bay verankerten Bohrschiffs steht zu lesen:

»Die Rückkehr in die Beaufortsee. […] Jetzt, Jahre später, nehmen die Aktivitäten in der Beaufort Delta Region wieder zu. Innerhalb der nächsten Jahre wird damit gerechnet, dass die Offshore-Aktivitäten wieder aufgenommen werden ... Die mit Sicherheit wieder aufgenommenen Aktivitäten beinhalten auch die Wiederkehr von technologischen Innovationen früherer Explorationsprojekte. Eine davon war Gulf's »Mobile Arctic Caisson« (MAC), mit der die Firma EBA Engineering Consultants Ltd. geologische Untersuchungen durchgeführt hat. Die Firma

75

Das Gemälde zeigt die amerikanische Walfangflotte während einer Überwinterung vor Herschel Island.

hat eine ähnliche Evaluierung für den Einsatz von Dome Petroleums Bohrplattform für den Einsatz im Unterwasserbereich an verschiedenen Stellen abgeschlossen. ... Einige dieser stillgelegten, aber nicht vergessenen Einrichtungen werden mit großer Wahrscheinlichkeit in einer neuen Runde der Exploration wieder zum Einsatz kommen.«

Der still vor sich hin rostende Koloss ist hier also nur geparkt – das hilft Kosten sparen. Da geeignete Werften tausende von Meilen entfernt sind, wird hier schwerlich eine schiffbautechnisch fundierte Überholung des Ölveterans vorge-

nommen werden können. Die »technologischen Innovationen früherer Explorationsprojekte« wie es so schön heißt, datieren immerhin über 30 Jahre zurück.

Henryk holt uns mit dem Zodiak der BREMEN ab und setzt uns zu dem relativ kleinen Kreuzfahrtschiff über. Auf der Brücke werden wir von Daniel Felgner, dem Kapitän, empfangen. Bevor wir die dringend erforderliche Dusche zugewiesen bekommen, blicken wir gemeinsam auf den ausladenden Kartentisch, auf dem die letzten Eiskarten ausgebreitet liegen. Der Blick darauf macht deutlich, dass die Situation für uns nicht gerade rosig aussieht. Dass die Bremen in diesem Jahr durch die Passage gelangt ist, verdankt sie primär der TERRY FOX, einem der leistungsstärksten Eisbrecher der Coast Guard. »Aber trotz des

Eisbrechers war es schwierig«, berichtet der Kapitän. »Das Eis im Peel Sound und im Larsen Sound war so massiv, dass die Bremen nur mit großer Mühe dem vorausfahrenden Eisbrecher folgen konnte. Selbst für die Terry Fox war es zeitweilig nicht einfach, eine Rinne zu brechen.« Die Bremen verfügt über die Eisklasse 1A Super, die höchste für Schiffe, die nicht als Eisbrecher klassifiziert sind. Für die Passagiere mag es eine aufregende und spannende Erlebnisreise gewesen sein, für die Schiffsführung war es Stress.

Der Walfang war ein hartes und blutiges Geschäft. Reich wurden nur die Reeder und deren Kapitäne. Die Seeleute hingegen bekamen für die schmutzige und risikoreiche Arbeit nur eine kleine Heuer.

Daniel Felgner ist froh, das Eis hinter sich zu wissen. Da die Bremen offenbar durch das Eis einen Schaden an der Ruderanlage abbekommen hat, muss sie zudem in die Werft. Die damit verbundenen Kosten im Verbund mit der allgemeinen Unsicherheit der Eislage hat die Reederei bewogen, die für das nächste Jahr geplante Durchfahrung der Nordwestpassage abzusagen. Trotz aller Technik – diese Passage ist auch heute noch in jeder Hinsicht eine Herausforderung.

Wir haben weder eine uns vorausfahrende Terry Fox noch die Möglichkeiten einer Bremen. Unsere Chancen scheinen auf den ersten Blick bestenfalls gering. Doch gering heißt nicht unbedingt aussichtslos. Bei allen meinen Reisen ins Eis gab es nie die Sicherheit des Gelingens. Entscheidend ist, dass man seine Möglichkeiten nutzt und seine Grenzen erkennt. Gerade das Wissen um die Wahrscheinlichkeit des Scheiterns an den Naturgewalten spornt einen zu Höchstleistungen an und lässt einen jeden zugleich sein ganzes Know-how und seine Instinkte einsetzen. Wir konsumieren nicht, wir müssen uns die Erfolge erarbeiten – darin liegt für mich der Reiz. Einer unserer Vorteile im Vergleich zur Reise der Bremen liegt darin, dass wir später im Jahr unterwegs sind, dass das Eis also noch weiter aufbrechen wird als bei der Bremen. Zudem ist unser Schiff klein und wendig und kann aufgrund seines geringen Tiefgangs im Flachwasser dicht unter der Küste fahren, wo die Großschifffahrt nicht hinkann. Um es auf den Punkt zu bringen: Die Philosophie der Durchquerung ist eine völlig andere. Während sich die Bremen direkt durch das Eis arbeiten muss und letztlich ja auch einen genauen Zeitplan einzuhalten hat, lassen wir die Zeit unter Ausnutzung der Natur- und Geländegegebenheiten für uns arbeiten. An dieser Strategie hat sich seit Amundsens Zeiten nichts geändert. Diese Verfahrensweise beinhaltet aber auch stets die Möglichkeit des Scheiterns bzw. einer Überwinterung. Ein Umstand, den sich die Passagierschifffahrt nicht leisten kann. Die schlechten Eisprognosen stimmen uns zwar nachdenklich, können uns aber den Abend nicht wirklich vermiesen. Nachdem wir eine ganze Mappe an nautischen Informationen von Daniel Felgner erhalten haben, geht es ab unter die Dusche. Auch in dieser Hinsicht liegen Welten zwischen der Bremen und der Dagmar Aaen. Letztere verfügt nämlich über keine Dusche. Solchermaßen gereinigt und in die saubersten verfügbaren Hosen und Hemden gewandet, geht es nahtlos über in den Speisesaal des Kreuzfahrers. Die Speisefolge lässt – wie alles auf diesem Schiff – keine Wünsche offen. Ausgezeichnetes Essen, erlesene Weine und eine angeregte Gesprächsrunde machen diesen Abend perfekt.

Derweil hat der Kapitän noch eine Kiste mit frischen Nahrungsmitteln für uns zusammenstellen lassen, und als wir uns schließlich um Mitternacht verabschieden und wieder zurück zur Dagmar Aaen gebracht werden, sind wir in allerbester Stimmung. Noch während wir es uns an Deck bequem machen und gemeinsam den von Daniel gestifteten Kasten Bier austrinken, geht die Bremen Anker auf. Wenig später sind wir wieder allein. In die Koje will keiner, die Stimmung wird immer ausgelassener und gipfelt in einer der berühmt berüchtigten Bordpartys, die bis in die Morgenstunden reichen. An Deck wird getanzt und gesungen – auch so etwas braucht die Seele bisweilen.

Der späte Vormittag findet uns alle ein wenig verkatert und müde vor, aber dennoch voller Tatendrang. Mit dem Schlauchboot setzen wir zur Insel

uber und landen im Pauline Cove an. Die Insel war ein beliebter Anlaufpunkt der amerikanischen Walfänger des 19. und frühen 20. Jahrhunderts. Für die Walfänger war die Fangsaison in der Beaufortsee jahreszeitlich bedingt nur von kurzer Dauer. Demgegenüber stand die lange und beschwerliche Reise von oder zu den Häfen der Westküste, wie etwa San Francisco. Es lag daher nahe, eine Art Stützpunkt zu errichten, wo Schiffe und Besatzungen den Winter verbringen konnten, um dadurch die Fangsaison quasi zu verdoppeln. Herschel Island mit dem Pauline Cove bot den erforderlichen Schutz vor dem Packeis. Die Walfangschiffe froren dort ein, ohne von dem schweren Packeis gefährdet zu werden. Als weiterer Vorteil kam hinzu, dass die Strände

Die Wale wurden längsseits genommen und dann um die eigene Achse gedreht, während die Männer gleichzeitig den Speck abtrennten und an Deck hievten. Der Kadaver wurde der See überlassen.

der Insel dicht mit Treibholz bedeckt sind. Holz – ansonsten ein rares Gut in den polaren Zonen – wird vom Mackenzieriver in großen Mengen aus dem Landesinnern an die Küste gespült und bildete somit einen Grundstock zum Bau von Gebäuden und natürlich auch an Heizmaterial. Der Walfang war ein lohnendes Geschäft, zumindest für die Kaufleute, die die Schiffe bereederten. Im Jahre 1900 betrug das Durchschnittsein-

Der Mackenzieriver ist ein unerschöpflicher Lieferant an Treibholz aus dem Landesinne-ren, das sich dann an der Küste des baum-losen Herschel Islands ablagert.

kommen eines Amerikaners etwa 400 $ pro Jahr. Ein Barrel Walöl brachte 15 $ ein und das Baleen (Wal- oder Fischbein) pro Pfund 6 $.

Ein Wal ergab je nach Größe etwa 100 Barrel Öl und 2000 Pfund Walbein. In einer einzigen Saison konnte ein erfolgreicher Walfangkapitän gut und gerne 400 000 $ für seinen Reeder einfahren. Während die Kapitäne meist noch recht gut bezahlt und am Fang beteiligt waren, wurden die Mannschaften eher schlecht bezahlt. Die Walfangschiffe litten in der Öffentlichkeit einen schlechten Ruf, was zum einen an der stinken-den, rauen und harten Arbeit lag, zum anderen an dem Umstand, dass sich viele kriminelle Ele-mente an Bord versammelten, die anderswo kei-ne Heuer oder Anstellung mehr fanden. Unter den amerikanischen Walfängern, die sich Jahr für Jahr vor Herschel Island ein Stelldichein gaben, herrschte bisweilen die schiere Gewalt. Die Inuvialuit litten am meisten darunter. Mit den Weißen kam der Alkohol und brachte das Naturvolk an den Rand des Abgrundes. Krank-heiten, Vergewaltigungen, Alkoholexzesse ließen schließlich die kanadische Regierung aktiv wer-den. Im Jahre 1903 wurde von Leutnant Fitzge-rald der North West Mountain Police, der Vor-gängerin der heutigen Royal Canadian Mountain Police, eine Polizeistation auf der Insel errichtet, die bis 1964 betrieben wurde. Heute gehört die Insel zum Oikiqtaruk Territorial Park und ge-nießt damit einen Schutzstatus. Übrigens wurde sie von keinem geringeren als dem späteren Sir John Franklin – er wird noch eine gewisse Rolle spielen – auf einer früheren Expedition entdeckt und nach seinem Freund Sir John Herschel benannt.

Die alten Gebäude stehen heute noch. Einige von ihnen werden von den Park Warden, Aufse-hern, die gelegentlich auf der Insel verweilen, erhalten. Sie dienen als Schutzhütten und gleich-zeitig als Unterkunft für Besucher, die über eine entsprechende Genehmigung verfügen. Anläss-lich des Besuchs der BREMEN waren einige Park Warden eingeflogen worden, die uns jetzt freund-lich begrüßen. Sie warnen uns vor Bären, Grizz-lys in diesem Fall, die gelegentlich vom Festland herüberkommen. Die Eisbären sind zu dieser Jahreszeit weiter draußen auf dem Packeis. Wir besichtigen die alten Gebäude, wandern hinüber zum Friedhof der Walfänger, deren verwitterte Särge und Gebeine in der Sonne bleichen. Wie

Der Permafrostboden hat die Särge mit den Gebeinen der alten Walfänger wieder an die Oberfläche gebracht.

Der Zugang zum Eiskeller im Permafrostboden. Hinter der Tür herrscht das ganze Jahr über Dauerfrost.

überall in dieser Region gibt es hier Permafrostboden. Der Permafrost bewirkt, dass Dinge, die in ihn hinein versenkt wurden, nach Jahren oder Jahrzehnten wieder an die Oberfläche gedrängt werden – darunter auch die alten Särge. Auf den von Stürmen und Frost gegerbten Kreuzen stehen die Namen von Walfängern, die meist sehr jung starben. Biografien, die auf den Namen, das Geburts- und Sterbedatum reduziert sind. Bei einigen sind nicht einmal diese Daten vollständig. Ein Stück vom Friedhof entfernt gibt es alte, in den Permafrostboden gegrabene Eiskeller, die als Vorratsraum dienten. Wir entfernen vorsichtig das Luk vom Eingang und leuchten in die Dun-

kelheit hinab. Eisige Kälte schlägt uns entgegen. Die Wände sind über und über mit Eiskristallen und Schnee überzogen. Es ist ein im Licht der Taschenlampe gleißender Kristallpalast. Die Inuvialuit, die gelegentlich auf die Insel kommen, nutzen diese Vorratskammern teilweise noch heute. In den besten Zeiten sollen bis zu 1500 Menschen auf der Insel bzw. den Walfangschiffen gelebt haben. Heute ist es wieder ruhig geworden. Wäre der stählerne Koloss nicht im Hintergrund der Bucht, könnte man meinen, die Zukunft sähe beschaulich und rosig aus für Herschel Island.

Flammendes Polarlicht erhellt die Bucht von Cambridge Bay, in der die DAGMAR AAEN festgefroren im Eis überwintert. Die Aurora Borealis ist keine statische Lichterscheinung, sondern wandert in Bahnen und Kegeln über den nächtlichen Himmel (Doppelseite 82/83).

81

Die Qual der Wahl – welche Route?

Es gibt nicht nur eine Nordwestpassage

Der Begriff Nordwestpassage ist eigentlich irreführend. Genau genommen ist es eher eine Ostwestpassage oder Westostpassage – je nach Betrachtungsweise – entscheidender ist aber wohl die Tatsache, dass es nicht nur eine Passage gibt, sondern gleich sieben, die für Schiffe zumindest theoretisch passierbar sind (siehe Vorsatzkarte). Zwei davon sind für tiefgehende Schiffe geeignet. Rein geografisch gesehen mag es sogar noch mehr Passagen durch das kanadische Inselarchipel geben, aber da liegt das Eis ganzjährig so unverrückbar fest, dass man es gar nicht erst in Betracht gezogen hat, diese Routen als »Passage« zu bezeichnen. Man mag argumentieren, dass es sich bei der Routendefinition lediglich um Varianten der Passage handelt, dennoch stellt jede für sich eine Passage dar, insbesondere wenn eine andere Variante durch Eis versperrt ist.

Eiskristalle in der Luft brechen das Licht und bilden diesen Bogen.

Die Nordwestpassage

(von R. K. Headland, Scott Polar Research Institut, 27.09.2004)

Für den Schiffsverkehr durch die Nordwestpassage zwischen dem Atlantischen Ozean (Labradorsee) und dem Pazifischen Ozean (Beringsee) haben sich in beiden Richtungen im Laufe der Zeit sieben unterschiedliche Routen entwickelt. Weiterhin gibt es diverse Variationen innerhalb dieser Routen (beispielsweise Pond Inlet, Navy Board Inlet, Jones Sound, etc.).

Die einzelnen Routen:

Route 1: Labradorsee – Davisstraße – Lancaster Sound – Barrow Strait – Viscount Melville Sound – McClure Strait – Beaufortsee – Tschuktschensee – Beringstraße – Beringsee

Die kürzeste und tiefste Route, aber der schwierigste Weg wegen des dichten Packeises in der McClure Strait; diese Route wurde wegen der Tiefe vor allem von U-Booten genutzt.

Route 2: Labradorsee – Davisstraße – Lancaster Sound – Barrow Strait – Viscount Melville Sound – Prince of Wales Strait – Amundsen Gulf – Beaufortsee – Tschuktschensee – Beringstraße – Beringsee

Die leichtere Variante der ersten Route, welche das dichte Packeis der McClure Strait umgeht, geeignet für Schiffe mit großem Tiefgang.

Route 3: Labradorsee – Davisstraße – Lancaster Sound – Barrow Strait – Peel Sound – Franklin Strait – Victoria Strait – Coronation Gulf – Amundsen Gulf – Beaufortsee – Tschuktschensee – Beringstraße – Beringsee

Diese Route wird von den meisten Schiffen mit einem Tiefgang von weniger als 10 Metern genutzt.

Route 4: Labradorsee – Davisstraße – Lancaster Sound – Barrow Strait – Peel Sound – Rae Strait – Simpson Strait – Coronation Gulf – Amundsen Gulf – Beaufortsee – Tschuktschensee – Beringstraße – Beringsee

Eine Variante der dritten Route für kleinere Schiffe, falls das Packeis aus dem McClintock Channel die Victoria Strait blockiert; die Simpson Strait hat lediglich eine Tiefe von 6,4 Metern und einige schwierige Strömungen.

Route 5: Labradorsee – Davisstraße – Lancaster Sound – Prince Regent Inlet – Bellot Strait – Franklin Strait – Victoria Strait – Coronation Gulf – Amundsen Gulf – Beaufortsee – Tschuktschensee – Beringstraße – Beringsee

Diese Route ist abhängig von den Eisbedingungen in der Bellot Strait, welche schwierige Strömungen aufweist; hauptsächlich genutzt von Schiffen, die ostwärts fahren.

Route 6: Labradorsee – Davisstraße – Lancaster Sound – Prince Regent Inlet – Bellot Strait – Rae Strait – Simpson Strait – Coronation Gulf – Amundsen Gulf – Beaufortsee – Tschuktschensee – Beringstraße – Beringsee

Eine Variante der fünften Route für kleinere Schiffe, falls das Packeis aus dem McClintock Channel die Victoria Strait blockiert. Die Simpson Strait ist lediglich 6,4 Meter tief, in der Bellot Strait und Simpson Strait gibt es schwierige Strömungen.

Route 7: Labradorsee – Hudsonstraße – Foxe-Becken – Fury and Hecla Strait – Bellot Strait – Franklin Strait – Victoria Strait – Coronation Gulf – Amundsen Gulf – Beaufortsee – Tschuktschensee – Beringstraße – Beringsee

Eine schwierige Route, die abhängig ist von der Eissituation im Westen der Fury and Hecla Strait und den Strömungen der Bellot Strait.

Bis zum Winter 2004/05 wurden 99 komplette Durchquerungen der Nordwestpassage (Atlantik zum Pazifik oder umgekehrt) vollendet. Einschließlich dieser gab es 175 aufgezeichnete Befahrungen der kanadisch-arktischen Inselwelt (Atlantik zur Beaufortsee oder andere Richtung).

Eine komplette Analyse der Routen

Anzahl Durchquerungen der Passage							Alle Fahrten durch die kanadisch-arktische Inselwelt						
Route 1	West	1	Ost	0	gesamt	1	Route 1	West	2	Ost	1	gesamt	3
Route 2	West	7	Ost	3	gesamt	10	Route 2	West	10	Ost	6	gesamt	16
Route 3	West	16	Ost	29	gesamt	45	Route 3	West	50	Ost	58	gesamt	108
Route 4	West	6	Ost	5	gesamt	11	Route 4	West	6	Ost	6	gesamt	12
Route 5	West	4	Ost	10	gesamt	14	Route 5	West	5	Ost	12	gesamt	17
Route 6	West	3	Ost	10	gesamt	13	Route 6	West	3	Ost	10	gesamt	13
Route 7	West	0	Ost	2	gesamt	2	Route 7	West	1	Ost	2	gesamt	3
Alle Routen	West	37	Ost	62	gesamt	99	Alle Routen	West	77	Ost	98	gesamt	175

Die DAGMAR AAEN hat als eines der wenigen Schiffe überhaupt drei Varianten bewältigt und damit wohl alle Möglichkeiten, die für diese Schiffsgröße realisierbar sind, ausgeschöpft. Die klassische Route, von Amundsen mit der GJØA erstbefahren, gelang uns 1993 nach anfänglich erheblichen Schwierigkeiten. Ursprünglich hatten wir versucht, vom Lancaster Sound durch das Prince Regent Inlet und durch die Bellot Strait (Route Nr. 5 oder 6) in den Pcel Sound zu gelangen. Dichte Eisfelder und ein aufziehendes Tiefdrucksystem machten diesen Plan zunichte. Einmal mehr wurden wir belehrt, wie wichtig es ist, zum richtigen Zeitpunkt an der richtigen Stelle zu sein. Eigentlich fehlten uns nur wenige Stunden, um vor Anbruch des Sturmes die Bellot Strait zu erreichen, als der Wind innerhalb weniger Stunden auf 35 bis 40 Knoten aufbriste. Durch das Schneegestöber konnten wir erkennen, wie die dichten Eisfelder, die wir zuvor unter großen Schwierigkeiten passiert hatten, wie eine geschlossene Phalanx auf uns zutrieben.

Wir saßen in der Falle. In der Zufahrt zur Bellot Strait presste sich das Eis unter enormem Druck, an eine Weiterfahrt war nicht zu denken. Durch die Bellot Strait läuft ein ausgesprochen starker Gezeitenstrom, der die Eisschollen mal in die eine, mal in die andere Richtung schiebt. In unserer Situation lief die Tide gegen den Wind, was zu verheerenden Eispressungen führt, die ein Schiff in äußerste Gefahr gebracht hätten. Die meterdicken Eisschollen türmten sich zu einer Barriere, vor der selbst Eisbrecher kapituliert hätten. Wie ein Korken in der Flasche verschloss das Packeis die Einfahrt. Wir zogen es vor, der auf uns zudriftenden Eisphalanx entgegenzufahren, um uns so gut wie möglich im Eis zu positionieren. Wenn das Eis einem keine Wahl lässt, sucht man Schutz vor dem Eis im Eis. Wichtig in dieser Situation war für uns, genügend Abstand zur Bellot Strait und zum Land zu behalten, um nicht in den Einflussbereich der starken Gezeitenströme zu gelangen. Vor uns das Eis, hinter uns die Legerwallküste mit ihren Untiefen sowie den verheerenden Eispressungen am Eingang der Straße. Als wir in das Eisfeld einfuhren, war es, als erwartete uns das jüngste Gericht: Eisschollen in allen Größenordnungen krachten gegeneinander und schoben sich übereinander, dazu der Wind, der noch an Stärke zunahm, in den Wanten orgelte und das Eis immer aggressiver reagieren ließ. Es herrschte Weltuntergangsstimmung. Aus der Eistonne beobachtete ich, wie das zuvor eisfreie Wasser in Windeseile von den Eisschollen bedeckt wurde. Als würden Fliesenleger im Akkord ihre Platten verlegen, so kam es mir damals vor. Irgendwann gab es keine Stelle offenen Wassers mehr, wohin das Eis ausweichen konnte. Und das war erst der Beginn der Eispressungen … Stunden später setzten die Pressungen mit Urgewalt ein. Was folgte, war die bedrohlichste Nacht, die wir bis dahin mit der DAGMAR AAEN erlebt hatten. Ich will mich nicht wiederholen, die Geschehnisse sind ausführlich in dem Buch »Wettlauf mit dem Eis« geschildert. Jedenfalls gipfelte es darin, dass ich – zum ersten und bislang einzigen Mal – der Mannschaft Order gab, sich zum Verlassen des Schiffes klarzumachen. Trotz eines beschädigten Ruders verlief der Zwischenfall letztlich glimpflich für uns ab. Doch die Nordwestpassage war ihrem Ruf einmal mehr gerecht geworden und hatte den gesamten Verkehr – selbst einem Eisbrecher der Coast Guard gelang es nicht, zu uns zu kommen – lahm gelegt und Menschen und Maschinerie ihre Grenzen aufgezeigt.

Dann, nach Tagen des Abwartens, löste sich plötzlich wie von Geisterhand bewegt das Eis vom Rumpf des Schiffes und trieb in alle Himmelsrichtungen davon. Die Gunst der Stunde nutzend fuhren wir zunächst in eine geschützte Bucht, um unsere Wunden zu pflegen und Reparaturen an der Ruderanlage durchzuführen, bevor wir der Not gehorchend wieder zurück in den Lancaster Sound segelten und einer kleinen Rinne im Eis folgend in den Peel Sound einbogen. Damit befanden wir uns wieder auf der Amundsen Route, der wir danach weiterhin folgten. Aber das Beispiel zeigt, wie tückisch die Passage sein kann. Als wir uns entschieden hatten, durch die Bellot Strait zu fahren, war die Amundsen-Route durch den Peel Sound vom Eis versperrt – es gab zu diesem Zeitpunkt keine andere Alternative. Während der Anfahrt zur Bellot Strait wirbelte aber der Sturm die Eisfelder durcheinander. Die Karten wurden neu gemischt, und das, was zuvor viel versprechend aussah, erwies sich als Sackgasse. Oftmals entscheiden wenige Stunden darüber, ob in einem Jahr eine Passage gelingt oder nicht. Damals, 1993, waren wir letztlich erfolgreich und durchsegelten innerhalb nur einer Saison die gesamte

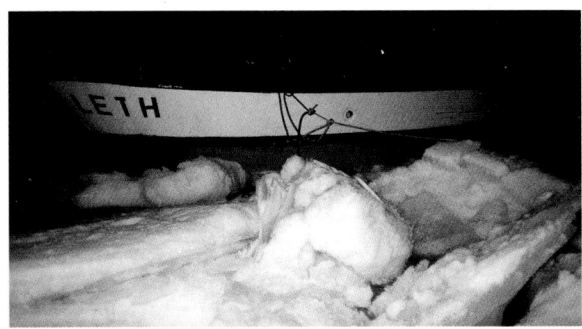

Die bedrohlichste Phase während der Eispressungen im Jahre 1993. Mitten in der Nacht pressen die Eisschollen gegen den Rumpf der DAGMAR AAEN.

Passage in Ost-West-Richtung. Wir hatten Glück, dass uns das Eis diese Großzügigkeit gewährte. Eisprognosen und Wettervorhersagen, wie wir sie bei unserem neuerlichen Versuch zur Verfügung haben, hatten wir damals nicht. Über das Wetterfax kamen in unregelmäßigen Abständen – meist ein bis zweimal die Woche – eine gezeichnete Eiskarte, die aber wiederum schon mehrere Tage alt war. Da sich das Eis ständig verändert, waren sie daher nur von geringer Aussagekraft. Satellitentelefon, E-mail, Fax – das alles gab es damals an Bord noch nicht. Uns war der virtuelle Blick über den Horizont hinweg versperrt, ähnlich wie bei Amundsen, der sich wie wir seine Eiserkenntnisse aus der Eistonne aneignen musste. Die Unberechenbarkeit des Eises hatte es für die Kanadier lange Zeit schwierig gestaltet, ihre territorialen Ansprüche geltend zu machen bzw. durchzusetzen. Liest man einige der Inselnamen, lässt sich der norwegische Einfluss nicht wegdiskutieren. Amundsen mag der bekannteste Norweger gewesen sein, aber es gab auch die bemerkenswerte Expedition von Otto Sverdrup, der mit der FRAM eine mehrjährige Expedition in den äußersten Norden des kanadischen Inselarchipels unternahm. Axel Heiberg Island, die beiden Ringnes-Inseln und der Fram Fjord zeugen von norwegischer Präsenz, und so ohne weiteres ließen die Norweger auch von ihren Ansprüchen nicht ab.

Während des Zweiten Weltkriegs gingen die Kanadier eine Allianz mit den USA ein, die die nördlichen Grenzen schützen sollten – und handelten sich im Gegenzug eine Reihe von Frühwarnsystemen und Wetterstationen ein, auf die sie selbst keinen Zugriff hatten. Die USA leiteten daraus auch gewisse Nutzungsrechte ab, die in späteren Jahren zu einem diplomatischen Disput zwischen den beiden Ländern führte: Als Mitte der achtziger Jahre der amerikanische Eisbrecher POLAR SEA die Nordwestpassage durchfuhr, unterließen die Amerikaner es bewusst, die Kanadier um Erlaubnis zu fragen bzw. einzuklarieren, wie es üblich ist. Die Amerikaner vertraten die Auffassung, dass die Passage eine internationale Wasserstraße sei, die Kanadier hingegen betrachteten das Ganze dagegen als eine nationale Angelegenheit. Um weitere diplomatische Verwicklungen zu vermeiden, haben sich beide Staaten in der Folgezeit darauf geeinigt, »sich in der Frage des rechtlichen Status nicht einig zu sein«, wie es im schönsten Diplomatenkauderwelsch heißt. Die Amerikaner haben daraufhin jedoch eingeräumt, ihre Fahrten rechtzeitig bei der kanadischen Regierung anzumelden, im Gegenzug gibt es keinerlei Beschränkungen für die Amerikaner. Doch gerade diese Frage wird in Zukunft eine große Rolle spielen, und zwar nicht nur in Bezug auf die USA: Sollte die Passage als Handelsroute an Gewicht gewinnen, ist besonders unter Berücksichtigung des Umweltschutzes eine eindeutige Definition erforderlich. Und dass die Schifffahrt in den kommenden Jahrzehnten an Bedeutung gewinnen wird, daran zweifle ich keine Minute.

Eine kleine Gruppe von Karibus auf der Boothia Peninsula. Am Ende des Sommers sind die Tiere gut genährt und kräftig.

Sobald das Eis trägt, ziehen sie für den Winter weiter nach Süden (Doppelseite 90/91).

Nunavut – das Land der Menschen

Die wahren Entdecker der Nordwestpassage

Bis Ende der 1990er-Jahre gehörte der Norden Kanadas zu den Northwest Territories mit Yellowknife als Regierungssitz. Seit dem 1. April 1999 ist alles anders geworden. Ein neues Territorium, Nunavut, ist entstanden mit Iqaluit, dem ehemaligen Frobisher Bay, als Hauptstadt. Nunavut ist rund sechsmal so groß wie die Bundesrepublik Deutschland, weist dabei aber nur 28 Siedlungen auf, von denen die meisten nur wenige hundert Einwohner haben. Insgesamt leben etwa 30 000 Menschen in Nunavut, davon sind etwa 26 000 Inuit. Rechnerisch gesehen leben etwa 1,5 Einwohner pro 100 Quadratkilometer – mit europäischen Maßstäben kommt man hier nicht viel weiter.

Zieht man dann noch das arktische Klima in Betracht und das völlige Fehlen von Straßenverbindungen oder Eisenbahnen, dann wird deutlich, dass die Versorgung der Menschen eine enorme logistische und wirtschaftliche Herausforderung darstellt. Hauptverkehrsmittel ist das Flugzeug, lediglich während des kurzen Sommers werden die Siedlungen mittels Eisbrecher und Schleppverbänden mit dem Jahresvorrat an Heizöl, Baumaterialien, privaten Konsumgütern, Schneemobilen, Autos, Eisschränken, Fernsehern und anderen Dingen mehr versorgt. Dennoch gibt es das gesamte Jahr über in den Siedlungen frisches Obst und Gemüse – nicht in der Auswahl und Frische wie im Süden Kanadas und auch zu höheren Preisen –, aber immerhin! Das Angebot ist da und wird auch wahrgenommen. Wenn jemand mitten im Winter in einer der kleinen Siedlungen krank wird – Unfälle sind fast an der Tagesordnung –, wird er mit Medivac ausgeflogen. Eine kleine, eigens dafür ausgerüstete zweimotorige Maschine holt den Kranken in der jeweiligen Siedlung ab und fliegt ihn in die nächst größere Ortschaft wie etwa Cambridge Bay, von wo aus er dann mittels Lear Jet ins Krankenhaus nach Yellowknife geflogen wird. Alles auf Kosten der Regierung! Um in den Siedlungen die Vorsorge und Krankenbetreuung aufrecht zu erhalten, fliegen mobile Ärzte in gewissen zeitlichen Abständen in die jeweiligen Orte, eröffnen dort für einige Tage die Praxis, behan-

Ein junges Mädchen aus Cambridge Bay führt in ihren traditionellen Kleidern uralte überlieferte Tänze vor. Begleitet wird sie dabei von Trommeln und Gesang.

Yttygran mit der »Wal-
fischallee« auf der
Tschukotka-Halbinsel in
Sibirien. Es handelt sich

dabei um eine alte Kult-
stätte, einen geradezu
mystischen Ort.

der einzige freundliche Kommentar des behan-
delnden Arztes. Während bei uns erbittert um
jeden Taxischein gefeilscht wird, egal wie krank
man auch sein mag, spielen hier im Norden die
Kosten keine Rolle. Nicht etwa weil das Geld im
Überfluss vorhanden wäre, sondern weil die Versorgung der Bevölkerung vorrangigstes Ziel ist,
und zwar unabhängig von der geografischen Position. Der Kranke aus Gjoa Havn hat das gleiche
Anrecht auf ärztliche Versorgung wie die Menschen weiter im Süden. Es ist ein bemerkenswert
moralischer Standpunkt, von dem wir uns offenbar immer weiter entfernen.

Inuit – Menschen oder Wesen mit Seele, Inuktituk – die Sprache der Menschen und Nunavut –
das Land der Menschen. Der Begriff Eskimo,
unter dem die gesamte Urbevölkerung der Arktis zusammengefasst wird, ist ein wenig irreführend. Man spricht zwar ethnologisch von
Eskimos oder eskimoischen Völkern, aber der
Begriff stammt ursprünglich von den Algonkin
und Cree Indianern ab und bedeutet leicht ver-
ächtlich »Rohfleischesser«. Auch wenn der
Begriff Eskimo heute als wissenschaftlicher Sam-
melbegriff akzeptiert wird und entsprechend Verwendung findet, hören ihn die Menschen, die es
betrifft, nicht so gern. Es wird allerdings nicht
mehr unbedingt als Beleidigung empfunden,
sondern man schreibt es höflich der Ignoranz des
Außenstehenden zu. Sie nennen sich Yuit, Yupik,
Inupiat, Inuvialuit, Inuit oder Inughuit, um einige zu nennen. Mit dem Begriff Eskimo wurden
und werden die kulturellen Unterschiede ver-
wischt, was insbesondere die Überheblichkeit
der ersten Besucher widerspiegelt, die in fröhli-
cher Selbstgefälligkeit den »Wilden« bestenfalls

deln die Kranken und Verletzten, reparieren die
Zähne und fliegen dann weiter in nächste Siedlung. Die Behandlung ist kostenlos. Als eines
unserer Crewmitglieder einen entzündeten Zahn
hat, treffen wir in einer Siedlung gerade auf den
Zahnarzt. Wenige Stunden später ist Egon seinen
Zahn und seine Schmerzen los – ohne Berech-
nung versteht sich. »Ich bin ja ohnehin hier«, ist

einen unterhaltsamen Wert beimaßen und anstatt auf sie zu hören oder zu achten, mit Glanz und Gloria in den Untergang segelten. Gerade diese Überheblichkeit ist vielen Polarexpeditionen zum Verhängnis geworden. Die Keimzelle dieser alten Kultur vermutet man im Osten Sibiriens, in Tschukotka. Zweimal habe ich vor der Küste von Tschukotka die Insel Yttygran besucht. Das erste Mal 2002 mit der DAGMAR AAEN auf dem Weg aus der Nordostpassage, das zweite Mal 2004 mit einem russischen Eisbrecher. Es ist ein mystischer Ort. Die berühmte »Walfischallee« mit ihren senkrecht in den Boden gegrabenen Walrippen sowie den gewaltigen Schädelknochen der Wale, die ebenfalls in einer ganz genau festgelegten Formation angeordnet sind, zieht wohl jeden in ihren Bann. 550 Meter misst die »Walfischallee« entlang der Küste und findet ihre Fortsetzung auf der benachbarten Insel Arakamtchechen in einer Kette von elf Säulen, die in einem Abstand von drei bis vier Kilometern aufgereiht sind. Die russischen Archäologen, die diese Stätte erst 1976 untersuchten, mutmaßen, dass es sich um eine geheime Kultstätte gehandelt haben muss. Archäologen messen dieser Stelle, die offenbar nach einer sakralen Architektur angelegt worden ist, einen ähnlichen Stellenwert zu wie etwa den Moais von den Osterinseln. Erbaut wurde Yttygran vermutlich im 13. oder 14. Jahrhundert.

Die erste Einwanderungswelle im Bereich der Beringstraße fand wohl bereits 3000 Jahre v. Chr. statt. Von dort aus zogen die Menschen weiter nach Osten, bis sie schließlich etwa 2000 v. Chr. den Norden Grönlands erreichten. Nach den archäologischen Funden, die man am Independence Fjord auf Grönland gemacht hat, wird diese frühe Kulturstufe Independence genannt, im kanadischen Raum wird sie als Prä-Dorset-Kultur und an der Westküste Grönlands als Saqqaq-Kultur bezeichnet. Zwischen 500 v. Chr. bis etwa 1000 n. Chr. entwickelte sich dann eine neue Kulturstufe, die als Dorset bezeichnet wird und in der die Menschen offenbar ihre Jagdmethoden und ihre Lebensbedingungen verbesserten. Aufgrund ihrer Werkzeuge, den Behausungen und anderer Zeugnisse lässt sich ablesen, dass die Dorset-Kultur einen großen Lebensraum eingenommen haben muss. Bereits ab 1000 v. Chr. und später parallel entwickelte sich eine weitere Kulturstufe, die als Thule-Kultur bezeichnet wird und als direkte Vorstufe der heutigen Inuit gilt. Zeitweilig lebten beide Kulturen sogar nebeneinander, wie etwa auf Victoria Island, aber schnell verdrängten die überlegenen Thule-Menschen die Dorset-Kultur. Begünstigt durch eine vorübergehende Erwärmung der Arktis bildeten sie ihre Lebensformen aus und entwickelten und verfeinerten ihre Jagdmethoden.

Es waren diese Menschen – und nicht die Europäer!, die als Erste die Durchquerung der Arktis in West-Ost-Richtung vollzogen. Erst dem dänisch-grönländischen Forschungsreisenden Knud Rasmussen ist es zu verdanken, dass diese Inuit eine Würdigung erfuhren. Im Rahmen seiner so genannten »5. Thule Expedition« (1921–1924) reiste er mit zwei grönländischen Begleitern auf Hundeschlitten von Thule bis nach Alaska. In Zusammenarbeit mit anderen Wissenschaftlern hat Rasmussen die umfangreichste ethnologische Erforschung der Polarvölker der damaligen Zeit durchgeführt. Es entstanden

Knud Rasmussen gilt zu Recht als eine Lichtgestalt unter den Polarfahrern. Auf seinen Expeditionen dokumentierte er die traditionellen Lebensformen und die kulturelle Vielfalt der Polarvölker.

um geografische Eroberungen. Er löste im Verlauf seiner Expeditionen die Polarvölker aus ihrer Anonymität heraus und wurde Zeit seines Lebens unermüdlicher Fürsprecher für ihre Belange.

Aus dieser Geschichte heraus muss man auch die Einrichtung des Territoriums Nunavut sehen. In Quebec ist zudem das Territorium Nunavik eingerichtet worden. Auch hier wird die Selbstverwaltung der angestammten Region durch die Urbevölkerung umgesetzt. Die neue Selbstverwaltung hat mit vielen sozialen und wirtschaftlichen Problemen zu kämpfen, die wahrhaftig nicht leicht zu lösen sind. Die Notwendigkeit dieses Schrittes ist unumstritten, damit die Inuit nicht einer fremdbestimmten Zukunft entgegengehen, sondern ihr Schicksal selbst in die Hand nehmen. Nur so können sie ihre kulturelle Identität bewahren, deren Verlust so häufig zu Depressionen, Alkoholismus und Suizid führt. Die Dramatik der entsetzlich hohen Selbstmordrate veranschaulichen am besten die beiden Grafiken rechts.

Es muss in aller Deutlichkeit darauf hingewiesen werden, dass dies kein rein kanadisches Problem ist. Diese Tragödie spielt sich vielmehr in allen arktischen Regionen ab, ob in Alaska, Grönland oder Sibirien. Gut gemeinte Aufklärungskampagnen scheinen nur wenig zu helfen. Warum töten sich diese Menschen in einem so entsetzlichem Umfang? Das Problem muss tiefer wurzeln, als wir ahnen, und lässt sich sicher nicht durch eine einfache administrative Maßnahme beheben. Wenn es doch so einfach wäre! Aber die Selbstverwaltung ist sicher ein Schritt in die richtige Richtung. Den Menschen widerfährt endlich eine späte Gerechtigkeit.

allein zehn umfangreiche Bücher über die Polarvölker Nordamerikas. 20 000 Artefakte wurden unterwegs gesammelt und später dem Nationalmuseum in Kopenhagen übergeben. Rasmussen ist ein Visionär gewesen, der, als er 1910 in Thule das erste Handelskontor gründete, den Grundstein für die Selbstverwaltung der Grönländer legte. Alle früheren Expeditionen waren mehr oder weniger mit sich selbst beschäftigt gewesen, Rasmussen hingegen ging es um die Menschen, deren Kultur und Perspektiven, und nicht

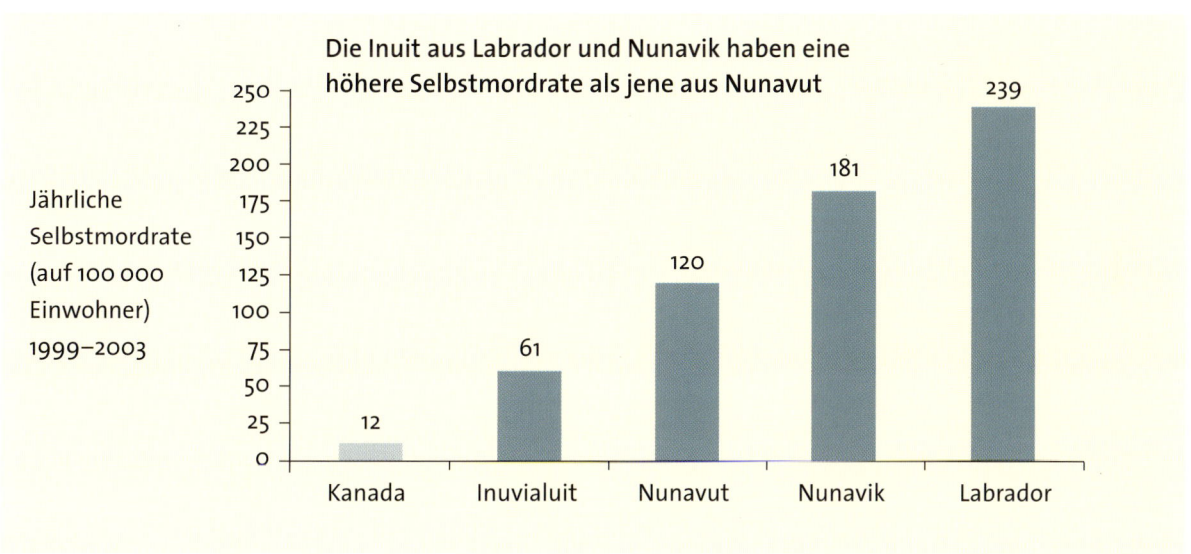

Die Inuit aus Labrador und Nunavik haben eine höhere Selbstmordrate als jene aus Nunavut

Jährliche Selbstmordrate (auf 100 000 Einwohner) 1999–2003

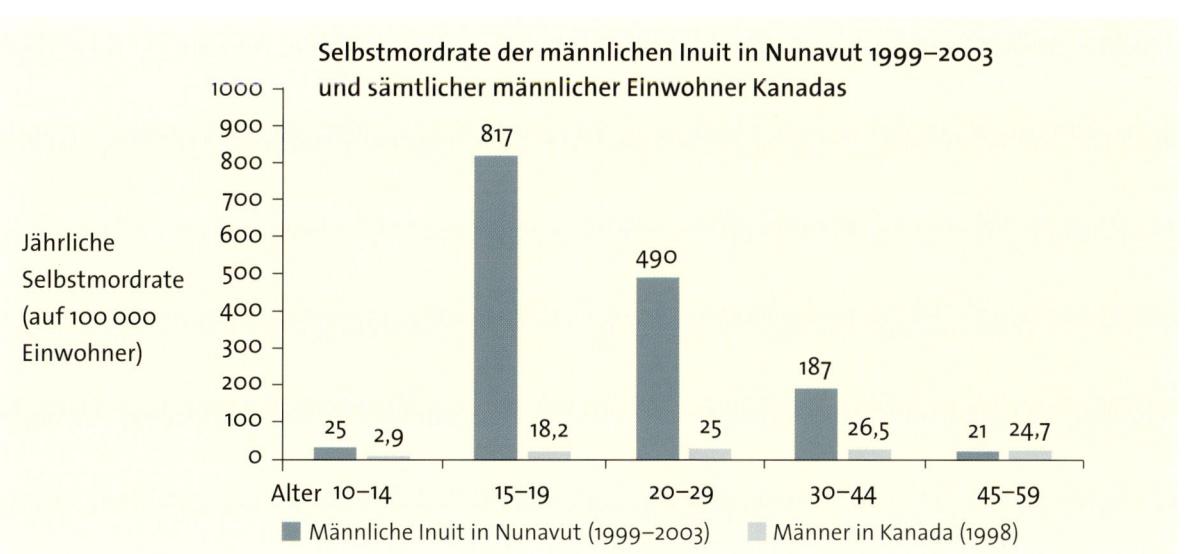

Selbstmordrate der männlichen Inuit in Nunavut 1999–2003 und sämtlicher männlicher Einwohner Kanadas

Jährliche Selbstmordrate (auf 100 000 Einwohner)

■ Männliche Inuit in Nunavut (1999–2003) ■ Männer in Kanada (1998)

Die Brooks Range in Alaska. Die Berge sind weit über hundert Kilometer entfernt, aber in der klaren arktischen Luft scheinen die Distanzen zu schrumpfen (Doppelseite 98/99).

Im Amundsen Gulf

Sturm auf die Arktis

Das Mackenziedelta ist ein unüberschauba-res Labyrinth aus Flussarmen, Inseln und Sandbänken, die ihre Position zudem ständig ver-lagern. Wir halten zur Sicherheit Abstand und nehmen dafür in Kauf, durch die ersten dichten Eisfelder hindurchzumüssen. Seit wir Herschel Island verlassen haben, ist die See mit Eis bedeckt, mal mehr, mal weniger, aber die sorg-lose Fahrt über ein eisfreies Meer ist dahin. Wir gehen Ausguck, rund um die Uhr, stehen in der Eistonne, um den günstigsten Routenverlauf zu bestimmen und fahren uns trotzdem gelegent-lich fest. Noch vor zwei Wochen lag das Eis in die-sem Bereich fast bis an die Küste heran, wir kön-nen froh sein, überhaupt einen Weg zu finden. Spätestens hier müssen wir die Entscheidung treffen, welcher Passage wir folgen wollen. Aber die Wahl ist in unserem Fall einfach. Die Passa-ge 1 nördlich um Banks Island herum kommt wegen der Eisbedeckung für uns nicht in Be-tracht, und auch die Route 2 durch die Prince of Wales Strait ist aufgrund der Eislage unpassierbar.

Es bleiben also nur die Routen durch den Amund-sen Gulf und den Coronation Gulf. So faszinie-rend diese Diretissima sein mag, sie ist bislang nur sehr wenigen Schiffen gelungen.

Mit Banks Island verbindet sich eine dramatische Geschichte, die sowohl mit der Suche nach der unglückseligen Franklin-Expedition wie auch generell mit der Suche nach einer Passage un-trennbar verbunden ist. Zu Beginn des 19. Jahr-hunderts war die Suche nach der Nordwestpas-sage in ein neues Stadium eingetreten. Anstatt der eher von pragmatischen Überlegungen bestimmten Expeditionen mit dem Ziel, einen schnellen und günstigen Seeweg nach Asien zu finden, gewann stattdessen nationales Prestige-denken die Oberhand. Die »Schlacht« mit dem Eis wurde primär zur Aufgabe der britischen Admiralität. Die eingesetzten Schiffe mussten nicht nur eistauglich und stabil sein, sie sollten zudem in den Augen der Weltöffentlichkeit be-sonders repräsentativ wirken. Schiffe und Mann-schaften sollten eine eindrucksvolle Demonstra-tion britischer Überlegenheit darstellen. Es ging um nicht mehr und nicht weniger als den Ruf Englands als Weltmacht. Anstatt auf erfahrene Eismeerkapitäne wie etwa William Scoresby zu setzen, der sich nicht nur als Walfangkapitän,

Eine meterdicke Eisdecke zwingt zu Ausweich-manövern. Wir staunen immer wieder, was unser alter Nordseekutter aus-zuhalten vermag.

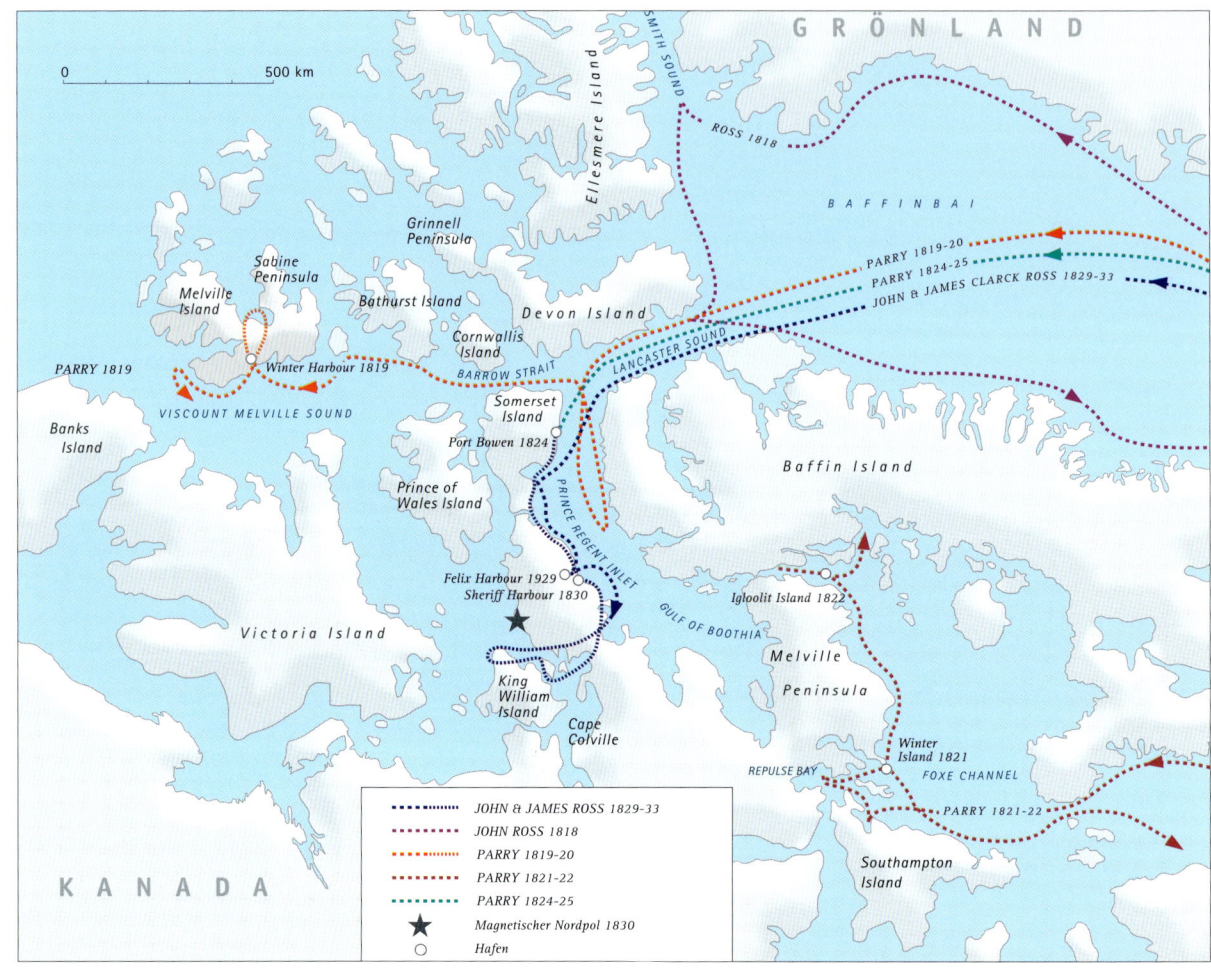

Kein Durchkommen:
historische Reisen zwi-
schen 1818 und 1833.

sondern auch als Forschungsreisender einen Namen gemacht hatte, setzte der 2. Sekretär der britischen Admiralität, John Barrow, auf die Royal Navy. Zivilisten waren ihm zuwider. Eine Kooperation mit ihnen zog er daher gar nicht erst in Betracht – ganz gleich, wie qualifiziert sie waren. Ihm ging es darum, der Welt zu beweisen, dass England die beste Seestreitkraft war. Die Erfolge oder das Scheitern britischer Forschungsreisen sind nur dann angemessen zu bewerten, wenn sie im Zusammenhang mit den englischen Ambitionen und dem Streben nach einer Weltmachtstellung gesehen werden. Barrows Initiative ist es auch zu verdanken gewesen, dass der für die Entdeckung der Nordwestpassage vom britischen Parlament ausgelobte Preis von 15 000 Pfund auf die Kapitäne der Marine ausgeweitet wurde. Zuvor galt er nur für Zivilisten. Was immer im Verlauf der kommenden Expeditionen an tragischen Zwischenfällen geschehen sollte, war keineswegs immer nur den Kapitänen anzulasten. Die Admiralität, allen voran Barrow, trug ihren Teil dazu bei. Doch der enorme Erfolgsdruck lastete auf den Kapitänen. Die eingesetzten Schiffe waren zwar repräsentativ, dafür aber groß, behäbig und schwer manövrierbar. Scoresbys Vorschlag, kleinere Schiffe einzusetzen, wurde im Übrigen auch von einigen Kapitänen der Royal Navy geteilt, passte aber so gar nicht in das Bild, das Barrow der Welt präsentieren wollte, es deckte sich nicht mit dem Vormachtstreben der Admiralität. Wie sinnvoll diese Strategie gewesen wäre, lässt sich an Amundsens erfolgreicher Reise ablesen.

In diesen historischen Kontext und Zeitraum fielen die Expeditionsreisen von John Ross und William Parry, die zunächst gemeinsam, später getrennt und zerstritten nach der Passage suchten. John Ross war 1818 auf der richtigen Spur gewesen, als er bei günstigen Eisverhältnissen von Grönland kommend in den Lancaster Sound einfuhr. Dort fiel er aber offenbar auf eine der in der Arktis häufig auftretenden Luftspiegelungen rein, die ihn den Eindruck gewinnen ließ, dass der Sund durch Berge versperrt und eine Weiterfahrt unmöglich wäre. Ein Irrtum mit Tragweite. Gegen den erklärten Willen seines Stellvertreters William Parry brach er den Versuch, weiter nach Westen zu fahren, ab. Die von Ross entdeckten

William Scoresby – ein großer Seefahrer und Entdecker. Die öffentliche Anerkennung seitens der britischen Admiralität blieb ihm zeitlebens verwehrt.

»Crocker Mountains« und seine These, dass es sich bei dem Lancaster Sound lediglich um eine Bucht handele, war ein Trugschluss. Ross saß einem verhängnisvollen Irrtum auf. Es sollte seinem Rivalen Parry vorbehalten bleiben, den Gegenbeweis auf einer weiteren Expedition anzutreten. Nur zwei Jahre später, 1820, durchfuhr Parry den Lancaster Sound und bewies somit, dass die Crocker Mountains nicht existierten. Und mehr noch: Auf langen Fußmärschen

Der Sandstein mit der von Parry eingemeißelten Nachricht in Winter Harbor. Indem McClure diesen Punkt erreichte, hatte er das fehlende Bindeglied für die Passage gefunden.

war er bis auf wenige hundert Meilen an die Prince of Wales Strait und die Beaufortsee und damit an die Durchfahrt zur Beringstraße gelangt. Parry hatte offenbar ein günstiges Eisjahr erwischt. Doch der Durchbruch gelang auch ihm nicht. Nach einer Überwinterung in Winter Harbour segelte er im folgenden Sommer zurück nach England und erstattete Bericht. John Barrow war begeistert. In seinem Bestreben, die Royal Navy zu glorifizieren, schönte er den Expeditionsbericht zusätzlich und lenkte von den tatsächlichen Problemen der Expedition ab. In der öffentlichen Darstellung blieb nur Raum für Heldentum und Erfolgsmeldungen. Parry passte gut in sein Bild, und gab nicht auf. Dennoch gelangte er auf keiner seiner zahlreichen weiteren Expedition nicht mehr so weit wie zuvor und verlor sogar eines seiner Schiffe vor Somerset Island.

Zur nachfolgenden Generation von John Ross und Parry zählte Robert McClure, der ganz im Sinne von Barrow und Parry erzogen worden war. Mit seinem Schiff INVESTIGATOR segelte er um Kap Hoorn in den Pazifik, von wo aus er schließlich 1850 durch die Beringstraße in die Beaufortsee fuhr. Schon zu diesem frühen Zeitpunkt der Expedition war er so sehr vom Ehrgeiz getrieben, die Nordwestpassage zu entdecken, dass er es bewusst darauf ankommen ließ, den Kontakt zur ENTERPRISE, dem Schiff seines Kommandanten Richard Collinson, zu verlieren. Der eigentliche Auftrag beider Schiffe bestand darin, nach der bereits seit einigen Jahren verschollenen Expedition von John Franklin zu suchen. Zu diesem Zweck war extra ein Dolmetscher engagiert worden. Der deutsche Herrenhuter Missionar Johann August Miertsching hatte sich intensiv mit der Sprache der Ureinwohner beschäftigt. Fatalerweise befand er, der einzige der Inuitsprache kundige Dolmetscher, sich der Expedition an Bord der INVESTIGATOR. Wäre er an Bord der ENTERPRISE gewesen, hätte man vermutlich von den Inuit Einzelheiten über den Verbleib von Franklin erfahren. So aber befand er sich fernab vom Geschehen.

Während Collinson mit der ENTERPRISE entsprechend den Vorgaben bis nach Cambridge Bay segelte, dort überwinterte und damit tatsächlich bis in unmittelbare Nähe zur Franklin-Tragödie gelangte, nahm McClure eine andere Route. Im festen Glauben, die Natur überlisten zu können, segelte er am Kap Bathurst vorbei bis zum Kap Parry und von dort aus direkt nach Norden, um jene Insel zu finden, die William Parry während seines Fußmarsches von Melville Island aus gesichtet und auf den Namen Banks Island getauft hatte.

McClures Strategie war klar: Wenn es ihm gelänge, nördlich durch die Prince of Wales Strait in den Parry Channel zu gelangen, hätte er das fehlende Bindeglied entdeckt. Ihm ging es offensichtlich nicht um das Auffinden der Franklin-Expedition, sondern um den eigenen Erfolg.

Die INVESTIGATOR geriet sehr bald in Bedrängnis und unter furchtbare Eispressungen, in deren Verlauf das Schiff mehrfach einer Zerstörung um Haaresbreite entging. Einer glücklichen Fügung war es zu verdanken, dass das Schiff diesen Ansturm überstand. *»Siebzehn Stunden standen wir versammelt und vorbereitet an Deck, wo jeder Augenblick unser letzter zu sein schien. Riesige Eisbrocken, drei- oder viermal so groß wie das Schiff, wurden übereinander geschoben und unter fortgesetztem Druck zu einem gewaltigen Haufen aufgetürmt«,* beschrieb der Dolmetscher Miertsching die Situation. Die INVESTIGATOR überstand zwar mehrere Winter an der Nordküste von Banks Island in der Mercy Bay, musste dort aber schließlich aufgegeben werden.

In England wuchs die Unruhe über ausbleibende Nachrichten von McClure – die INVESTIGATOR galt als verschollen. Daraufhin dehnte die Admiralität die Suche nach Franklin, an der mittlerweile eine ganze Flotte beteiligt war, auch auf McClure und seine Leute aus. Eine Abteilung dieser von Beechey Island aus operierenden Hilfsexpedition hatte eine von McClure im Rahmen einer Erkundungsreise zuvor in Winter Harbor auf Melville Island hinterlassene Botschaft über die Position der INVESTIGATOR gefunden und eilte den von Kälte, Skorbut und Erschöpfung

gekennzeichneten Männern zu Hilfe. – Bisweilen mutet die Entdeckungsgeschichte der Nordwestpassage wirklich wie ein bizarres Puzzle an. Denn eben jene Stelle im Winter Harbor, an der McClure seine Nachricht hinterlegt hatte, die ihn und seine Männer letztlich rettete, war der alte Überwinterungsplatz von Parry gewesen. Dieser hatte dort eine Nachricht in einen Felsen gemeißelt, die man noch heute dort lesen kann. Indem McClure diesen Felsen fand, hatte er auch das fehlende Bindeglied entdeckt. Damit war die Nordwestpassage erstmals durchmessen worden. Um die Verquickung der einzelnen Expeditionen und deren Schicksale in allen Einzelheiten zu verstehen, muss man sich einem sorgfältigen Literatur- und Kartenstudium hingeben. Im Übrigen schien McClure kein Preis zu hoch zu sein, um zu persönlichem Erfolg zu kommen. Er war ein gnadenloser Antreiber, der seinen Leuten immer wieder die Rationen kürzte und geradezu wahnwitzige Versuche unternahm, nach Osten durchzukommen. Sein Ehrgeiz kostete fünf Männer das Leben und den Verlust seines Schiffes. Dennoch, man muss ihm den Erfolg zusprechen, als erster Weißer die Nordwestpassage mit Schiff und zu Fuß »entdeckt« bzw. das bis dahin fehlende Bindeglied gefunden zu haben. Tatsächlich wurde ihm von der Admiralität auch das Preisgeld von 10 000 Pfund zugestanden. Die vollen 15 000 Pfund erhielt er mit Rücksicht auf die immer noch als verschollen geltende Franklin-Expedition nicht. Auf die Frage der Kommission, ob er, McClure, bereit sei das Preisgeld mit seinen Rettern zu teilen, lehnte McClure kategorisch ab. Entsetzt über diesen Egoismus steuerte Kapitän Kellet, der Komman-

Beechey Island mit der Belcher-Säule. Das Denkmal mit verschiedenen Inschriften erinnert an die verschollene Franklin-Expedition sowie an Sir Belcher, der eine Hilfsexpedition leitete.

dant der Expedition, die McClure und seine Leute gerettet hatte, aus seinem Privatvermögen Geld bei, um seine Mannschaft für den Einsatz zu entschädigen. Kellet selbst wurde im Übrigen von der Kommission, die über die Vergabe des Preisgeldes zu urteilen hatte, zu den Vorkommnissen nicht gehört. Selbst die Tagebücher wie etwa die von Miertsching, der innerhalb der vier Jahre dauernden Fahrt ausführlich Notizen gemacht hatte, waren zuvor auf Befehls McClures eingezogen worden. Sie blieben unauffindbar.

Das volle Ausmaß der Tragödien, die sich mit der Entdeckung der Nordwestpassage verbinden, zeigt auch das Beispiel jener von Kapitän Kellet geführten Rettungsexpedition, die McClure und seine Männer gerettet hatte.

Die von Kapitän Kellet befehligte Hilfsexpedition stand wiederum unter dem Kommando von Sir Belcher, dem insgesamt eine Flotte von sechs Schiffen unterstand. Fünf davon mussten im Verlauf der Unternehmung aufgegeben werden. Eines davon, die RESOLUTE, wurde 16 Monate später und fast 1100 Seemeilen vom Ort der Aufgabe entfernt von einem amerikanischen Walfänger treibend gesichtet – ohne eine Menschenseele an Bord. Die Amerikaner bargen das Schiff, und die US-Regierung ließ es sich nicht nehmen, die RESOLUTE auf einer amerikanischen Werft zu überholen und sie anschließend in einem Festakt der englischen Königin zu übergeben. Sir Belcher, der den Befehl zur Aufgabe des Schiffes erteilt hatte, brachte dieser Vorgang neben Häme auch massive Kritik ein. Zudem hatte er zehn Männer verloren sowie ein weiteres Schiff, die BREADLEBANE, die vor Beechey Island vom Eis zermalmt wurde.

Es waren eine verworrene Abfolge von Tragödien und ein hoher Preis, den die Passage den Entdeckern abrang. Von Franklin und seinen beiden Schiffen EREBUS und TERROR sowie den 129 Mann Besatzung, nach der die Expeditionen ja eigentlich suchen sollten, fanden sich außer drei Gräbern auf Beechey Island und einigen leeren Konservendosen keinerlei Spuren. Zu all dem Unheil gesellte sich noch die bittere Erkenntnis, dass es zwar eine Nordwestpassage gab – diese aber völlig nutzlos war. Dem ersten Schiff, dem die Befahrung der von McClure entdeckten Passage gelang, war 1944 die kanadische ST. ROCH unter dem Kapitän Henry Larsen. Er schaffte es, innerhalb nur eines Sommers durch den Lancaster Sound und die Barrow Strait bis zur Prince of Wales Strait zu fahren und von dort aus weiter durch die Beaufortsee bis zur Beringstraße zu gelangen. Es muss ein günstiges Eisjahr gewesen sein. Diese Route bleibt bis heute nur großen, eisbrechenden Schiff vorbehalten – und selbst die befahren sie nur äußerst selten.

Für uns jedenfalls steht sie gänzlich außer Frage – so verlockend diese Route auch sein mag. Zudem erleben wir alles andere als ein günstiges Eisjahr. Im Gegenteil. Durch einen Winddreher hat sich das Packeis zwar von der Küste von Cape Bathurst zurückgezogen, es ist aber stets in Sichtweite und jede nördliche Windkomponente würde es innerhalb weniger Stunden zurückbringen und damit den Durchschlupf versperren. Wir müssen sogar nach Süden ausweichen und eine weite Strecke in die Franklin Bay segeln, um das geschlossene Eisfeld zu umfahren. An Land sehen wir die Smoking Hills. Rauch steigt aus den Berghängen auf, ein Schwelbrand, der schon seit Jahrhunderten andauert. Offenbar haben sich durch irgendeinen Vorgang Kohleflöze entzündet, und seit diesen Tagen rauchen die Smoking Hills still vor sich hin. Wir haben leider keine Zeit dort zu ankern, um uns an Land umzusehen. Das Eis diktiert unsere Törnplanung. Ein einziger Tag kann über ein Jahr entscheiden. Wir müssen uns beeilen, wollen wir noch in diesem Jahr durch die gesamte Passage gelangen. Am 28. August um 20:25 Uhr haben wir Cape Parry querab. Von hier aus änderte McClure seinen Kurs nach Norden, wir hingegen fahren mit einem Kompasskurs von 106° weiter Richtung Dolphin and Union Strait. Es herrscht Nieselregen, die Lufttemperatur beträgt 4,5 °Celsius. Je weiter wir nach Osten kommen, desto mehr macht sich eine leichte Dünung bemerkbar. Daraus schließe ich, dass die See vor uns eisfrei zu sein scheint. Wir atmen auf, der erste Engpass ist geschafft. Es ist keinesfalls selbstverständlich, dass man ungeschoren um Cape Bathurst und Cape Parry herumkommt. Bis Cambridge Bay werden wir jetzt vermutlich offenes Wasser vorfinden.

Cambridge Bay im Frühsommer aus der Luft gesehen. Vorne rechts an der Pier liegt die DAGMAR AAEN (Doppelseite 108/109).

Cambridge Bay

Eine arktische Metropole

Meine Erinnerungen an Cambridge Bay von 1993 sind etwas verschwommen. Damals waren wir müde und abgespannt, zudem war es Mitte September, was für diese Region schon sehr spät im Jahr ist. Wir waren in Eile, mussten Diesel bunkern und uns mit dem Notwendigsten verproviantieren. Seit Resolute Bay im Lancaster Sound, wo wir einen Monat zuvor gewesen waren, war Cambridge Bay der erste »zivilisierte« Platz für uns. Aber der Aufenthalt war kurz und hektisch, unser Blick war nach vorn gerichtet zur östlich gelegenen Beringstraße und der enormen Distanz, die dazwischen lag – rund 1650 Meilen. Wir waren Getriebene, die keine Zeit hatten für Muße und Sightseeing.

Diese Mal erreichen wir die Bucht von Cambridge Bay am 31. August mitten in der Nacht. Im Logbuch halte ich den Sonnenuntergang fest: Die Sonne ist an diesem Tag bereits um 19:50 untergegangen – die Tage werden spürbar kürzer und die Nächte kälter. Die Nacht ist absolut windstill, das Wasser der Bucht liegt glatt und irgendwie unberührt vor uns und spiegelt das am Himmel flackernde Polarlicht wider. Ein faszinierender Anblick, der eine fast andächtige Stimmung an Bord aufkommen lässt.

Cambridge Bay mag nach europäischen Maßstäben ein kleines Dorf mit lediglich 1309 Einwohnern sein, für arktische Relationen handelt es sich jedoch um einen recht stattlichen Ort. Cambridge Bay ist Drehscheibe, Schul-, Versorgungs- und Verwaltungszentrum für diesen Teil der kanadischen Arktis. Es gibt einen Flughafen, auf dem bei vertretbarem Wetter täglich ein Jet oder eine Turbopropmaschine von Edmonton oder Yellowknife landet. Zugleich verbindet der Flughafen mit kleineren Maschinen die einzelnen Dörfer, die letztlich nur auf dem Luftwege zu erreichen sind. Wer also ein kleines idyllisches »Eskimodorf« erwartet, wird enttäuscht. Bergwerksgesellschaften auf der Suche nach den vermutlich reichen Diamantenvorkommen haben schweres Gerät eingeflogen, das auf den Weitertransport zu den Camps wartet. Es gibt zwei Supermärkte, Hotels, eine DEW-Line-Station, Schulen und Verwaltungsgebäude, Telefonzellen, eine Bank, auf der man mit EC-Karte Geld abheben kann, sowie eine Post. Cambridge Bay ist

Die DAGMAR AAEN vor den Vorratstanks der kleinen Ortschaft. Ohne Heizöl und Diesel würde in dieser abgelegenen Region nichts mehr funktionieren.

David Cowper, der uns
mit seiner POLAR BOUND
begleitete.

eine kanadische Kleinstadt, sehr auf Effektivität getrimmt und zugleich ein zivilisatorischer Vorposten. Direkt an der Stadtgrenze beginnt die Wildnis. Wie die meisten arktischen Siedlungen ist der Ort nicht gerade von städtebaulicher Schönheit geprägt. Der Preis für ein Wohnhaus ist doppelt so hoch wie im Süden Kanadas, das schränkt die architektonischen Möglichkeiten ein. Der Transport der Materialen, die Löhne, der kurze Sommer, die Energiekosten, das alles treibt die Kosten in die Höhe. Für Kosmetik bleibt da meist wenig Raum.

Dann gibt es noch eine kleine Hafenpier, die wie ein »T« in die Bucht ragt und an der normalerweise die Frachtbargen ihre Ladung löschen. Da für diesen Sommer bereits alles abgewickelt worden ist, ist die Pier frei, das heißt, sie ist es beinahe. Am vorderen Ende der Pier liegt eine gelb-

graue Motoryacht mit dem Namen POLAR BOUND. Der Name ist Programm! Das Schiff ist grundsolide konzipiert, und bei der Auswahl der Materialien schien das Beste gerade gut genug zu sein. Der Eigner und Skipper ist auf den polaren Routen kein Unbekannter. David Cowper nimmt grüßend unsere Festmacherleinen in Empfang. Wir haben beide voneinander gehört, sind uns aber bis dato noch nie persönlich begegnet. David ist allein an Bord, sein Boot ist so komfortabel und zweckorientiert ausgerüstet, dass er weltweit damit fahren kann. Wir hatten bereits in Dutch Harbor von David gehört und wussten, dass wir uns irgendwo in der Passage begegnen würden. Ich habe mich auf das Treffen gefreut, und entsprechend freundschaftlich begrüßen wird uns. David kommt ohne große Umschweife zur Sache: Er möchte sich uns anschließen, da er allein nur sehr schwer im Eis fahren kann. Eine Nonstop-Überquerung des Atlantiks oder Pazifiks ist für ihn, der die Welt schon fünfmal umrundet hat und unter anderem auch bereits die Nordwestpassage mit einem kleineren Boot innerhalb von drei Jahren durchfahren hat, Routine. Aber im Eis ist, wie ich selbst nur allzu gut weiß, alles anders. In der Nähe zum magnetischen Nordpol ist der Magnetkompass unbrauchbar – und damit auch die Selbststeueranlage. Ruderwache gehen, Navigieren, Eisausguck, Kochen, Schlafen und andere Dinge allein und in Personalunion durchzuführen, ist auf Dauer nicht möglich – und auch kaum verantwortbar. Deshalb sein Ersuchen, sich uns anzuschließen, da die DAGMAR AAEN über volle Besatzungsstärke verfügt. Spontan willige ich ein. Für uns bedeutet es ein unwesentliches Mehr an Arbeit, im Gegenzug finden wir es interessant, mit zwei Schiffen die Reise durch die Passage fortzusetzen, zumal David auch Erfahrung mit einbringt.

Da die nächste Etappe durch relativ sicheres Gewässer führt, wird David bereits am nächsten Morgen weiter Richtung Osten fahren und an geeigneter Stelle auf uns warten. Für uns hingegen ist Cambridge Bay der erste offizielle kanadische Hafen, den wir anlaufen, deshalb müssen wir bei der Polizei zunächst einklarieren, also zoll- und passrechtliche Formalitäten abwickeln. Die Royal Canadian Mountain Police, kurz RCMP genannt, liegt nur wenige Schritte von unserem Liegeplatz entfernt. Die Beamten sind freundlich und hilfsbereit, die Einklarierung nur eine Formsache. Wer hier mit dem eigenen Schiff anreist, dem unterstellt man keine schlechten Absichten. Gastfreundschaft ist zudem ein ungeschriebenes Gesetz in der Arktis. Bleibt zu hoffen, dass die Gutmütigkeit der Menschen vor Ort nicht enttäuscht wird.

Während wir emsig damit beschäftigt sind, Wäsche zu waschen und Vorräte zu ergänzen, lernen wir Doug Stern kennen. Doug ist Kanadier und lebt seit über zwei Jahrzehnten in der Arktis, einen großen Teil davon in Cambridge Bay. Dougs Haus wirkt auf den ersten Blick, als würde ein Voodoo-Zauberer darin wohnen. Auf dem Dach lagern getrocknete Schädel von Moschusochsen und Karibus, Felle hängen über ein Trockengestell, im Fenster liegen skelettierte Vogelköpfe, Vogelschwingen, Unterkiefer von Polarfüchsen und ein Sortiment undefinierbarer Knöchelchen, Zähne und Tierfragmente. Doug hat seinen Lebensstil weitgehend dem der Inuit angepasst. Unseren ersten Besuch bei ihm zu Hause werden wir so schnell nicht vergessen. Während wir eintreten, sitzt Doug auf dem Fußboden seines kleinen Hauses, vor ihm ein Stück Pappe, darauf der ergeben dreinblickende Kopf eines Karibus. Das Geweih ist bereits der Säge zum Opfer gefallen, die Doug energisch und virtuos einsetzt, um den Kopf in Längsrichtung zu teilen. Das Fell ist vom Kopf abgezogen, sodass die glasigen Augen des in die ewigen Jagdgründe eingegangenen Rentiers bei jedem Zug mit der Säge traurig wackeln. Nach vollzogener Arbeit klappt Doug die Hälften auseinander und legt sie in einen Topf mit heißem Wasser. Deckel drauf – fertig. Er sieht unsere fragenden Blicke. »Das ist das Beste überhaupt«, sagt er. »Das lasse ich jetzt eine Weile kochen, und dann gibt es den zum Abendbrot«. Die Augen und die Lippen seien das Beste und Zarteste überhaupt, meint er, aber auch das Hirn schmecke vorzüglich und überhaupt gibt es am ganzen Schädel kein Teil, das nicht eine Delikatesse wäre. Wir geben uns Mühe, es ihm zu glauben, eine Einladung zum Essen lehnen wir dennoch dankend und mit der Begründung ab, wir hätten schon gespiesen. Als nach einer Stunde Garzeit das erste blasse und schrumpelige Auge genüsslich zwischen seinen Lippen verschwindet, drängen wir zum Aufbruch. Was haben wir doch für einen leckeren Eintopf an Bord!

Abends kommt unerwarteter Besuch an Bord. Der Mann, der den Niedergang runtersteigt, ist einen Kopf größer als ich und stößt sich zunächst heftig den Kopf an den niedrigen Decksbalken. Brent Boddy und ich kennen uns seit vielen Jahren. 1989 war ich vor der Nordpol-Expedition mit dem Icewalk-Team nach Iqaluit auf Baffin Island gezogen, um dort während des polaren

Das Haus von Doug Stern, das uns anfangs wie der Wohnsitz eines Voodoo-Zauberers vorkam. In der Veranda hängen Fuchs-felle zum Trocknen, auf dem Dach geben sich Moschusochsenköpfe und Karibugeweihe ein Stelldichein ...

Winters zu trainieren. Brent, der selbst ein Jahr zuvor mit Hundeschlitten zum Nordpol gelangt war und deshalb die Schwierigkeiten, die uns erwarteten, bestens kannte, wurde als unser Trainer engagiert. Seit über 25 Jahren lebt er in der Arktis, vor einigen Jahren ist er nach Cambridge Bay gezogen. Brent und ich hatten immer den Kontakt gehalten und immer wieder mit dem Gedanken gespielt, gemeinsam eine Reise zu unternehmen. Dass er in Cambridge Bay lebt, ist mir neu, umso größer meine Freude, ihn hier wiederzusehen. Brent würde gern ein Stück mitfahren, aber er arbeitet für die Regierung von Nunavut und kann nicht eben mal für ein paar Wochen freinehmen. »Nächstes Jahr wäre das keine Problem«, sagt er. Da hat er ein freies Jahr genommen, aber bis dahin muss er arbeiten. Wir bedauern das außerordentlich, aber da lässt sich nichts ändern. Wir beschließen Kontakt zu halten – »Wer weiß, ob wir überhaupt durchkommen«, sinniere ich laut. Brent, der die Arktis wie seine Westentasche kennt, nickt nachdenklich. »It has been a miserable summer, there is still a lot of ice out there.«

Erneut höre ich Schritte an Deck und gleich darauf eine Stimme, die auf Deutsch den Niedergang herunterruft: »Jemand an Bord?«

Von oben: Ein kleines Mädchen präsentiert stolz ihren ersten selbst gefangenen Fisch.

Calvin (Mitte) ist ein treuer und stets gut gelaunter Besucher an Bord.

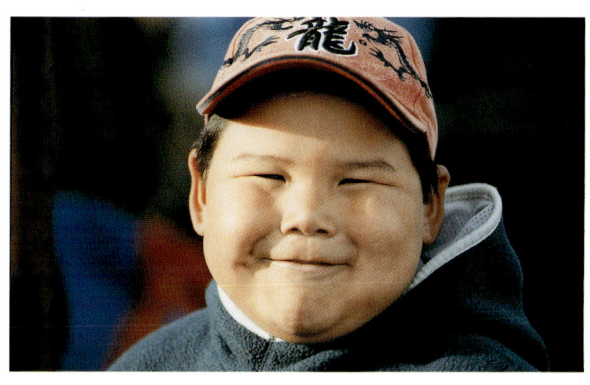

Die Kinder drücken Brigitte einen Welpen in den Arm.

Willi bei einem seiner Kurzbesuche auf der Pier. Irgendeine Über-raschung hält er immer für uns bereit.

Im Niedergang steht ein jung gebliebener älterer Herr mit roter Pudelmütze auf dem Kopf und lacht mich an. Er stellt sich als Willi vor. Er sei vor vielen Jahren aus Deutschland hier rübergekommen und sei Pilot. Ein nettes Understatement. Willi, wie ich wenig später erfahre, ist eine Fliegerlegende. Nach dem Krieg ist er aus Deutschland ausgewandert, hat auf diversen Schiffen, Robbenschlägern und Werften gearbeitet, bevor es ihn zur Fliegerei und in den hohen Norden verschlug. Willi gilt als echter Flugpionier, der insbesondere auch bei den Inuit großen Respekt und Ansehen genießt. Willi ist Such- und Rettungseinsätze geflogen, wenn wegen des Wetters eigentlich kein Pilot mehr bereit war, in die Luft zu steigen. Die unkonventionelle Art und Weise, mit der er dabei vorging, hat ihm allerdings nicht nur Freunde eingebracht. Den Behörden war der eigensinnige »Deutsche« so manches Mal ein Dorn im Auge, und auch die Mitbewerber und Neider haben alles darangesetzt, ihn zu diskreditieren. Erfolglos allerdings. Willi hat das alles mit stoischer Ruhe, unterstützt von seiner Frau und den gemeinsamen Kindern durchgestanden. Er besitzt eine eigene, gut florierende Fluggesellschaft, ein kleines Familienimperium mit einer Luftflotte, zu der unter anderem auch der Lear Jet zählt, mit dem die Medivac-Flüge durchgeführt werden. Willi, obwohl 70 Jahre jung, hat für alle Flugzeugtypen die Zulassung und fliegt sie natürlich auch. Meistens sieht man ihn allerdings von früh bis spät in seiner Twin Otter sitzen, einem zweimotorigen Flugzeug, das ähnlich wie Willi selbst längst zur Legende geworden ist. Willi lässt seinen Truck gleich an der Pier stehen – damit wir uns bewegen können, wie er sagt.

Obwohl erst einige Stunden in Cambridge Bay, haben wir den Eindruck, schon vollständig integriert zu sein. Und es kommen weitere Besucher.

Kinder und auch ältere Inuit, die die Dagmar Aaen sogar wiedererkennen. »Ihr seid doch schon vor ein paar Jahren hier gewesen.« Es sind immerhin zehn Jahre, aber Zeit hat hier eine andere Qualität. Peter Semotiuk, ein Funkamateur, schaut ebenfalls an Bord vorbei. Peter hat 1988 zusammen mit dem Amerikaner John Bockstoce an Bord der Yacht Belvedere innerhalb von drei Jahren ebenfalls die Nordwestpassage durchfahren. Heute lebt er in Cambridge Bay und bietet ohne Umschweife an, uns täglich über Funk mit neuesten Eis- und Wetterprognosen zu versorgen. Peter wird uns mittels Funkgerät auf unserer weiteren Reise ein treuer und unverzichtbarer Freund sein, der täglich mehrfach aktuelle Nachrichten durchgeben wird.

Am 3. September – nach nur drei Tagen – wollen wir Diesel bunkern und uns wieder auf den Weg machen. Noch bevor wir irgendetwas unternehmen können, rollt der Tankwagen auf die Pier.

»Schönen Gruß von Willi, er hat uns geschickt, um die Tanks zu füllen, Rechnung geht an ihn!«, ist der knappe Kommentar. Wir wissen gar nicht, wie uns geschieht. Mit gefüllten Tanks und frischen Vorräten werfen wir am Nachmittag die Leinen los. An der Pier zurückbleibende, winkende Menschen – mir scheint es wie ein Abschied nach langer, langer Zeit.

Torsten Heller radelt auf der Suche nach Fotomotiven über die Bucht. Noch trägt das Eis, wenige Tage später wird es bereits aufgebrochen sein.

Das Northumberlandhaus auf Beechey Island. Auf der Suche nach Franklin hatte eine Expedition 1852 das Haus errichtet und Ausrüstung und Proviant für die Verschollenen hinterlegt (Doppelseite 118/119).

King William Island

Die Franklin-Tragödie

Die Distanz von Cambridge Bay nach Gjoa Haven beträgt auf dem Seewege rund 260 Seemeilen. Das mag nicht weit erscheinen, ist gleichzeitig aber auch überhaupt nicht aussagekräftig, da im Eis schon eine halbe Meile oder weniger das Ende der Reise bedeuten kann. So spät im Jahr ist der Queen Maud Gulf aber meistens eisfrei. Das Festland und das davor liegende Gewässer erwärmt sich im Sommer schneller als die Inseln nördlich davon, daher taut es hier immer zuerst und am nachhaltigsten. Von wenigen Eisfeldern abgesehen, kommen wir ungeschoren bis zur Simpson Strait, die King William Island vom Festland trennt. Nördlich des Queen Maud Gulfs liegt die Victoria Strait, der in der Geschichte der Nordwestpassage eine entscheidende Rolle zukommt. Irgendwo in der Victoria Strait ist es gewesen, dass Franklins Schiffe vom Eis eingeschlossen und zerstört wurden. Auf King William Island, an deren Südostende die Siedlung Gjoa Haven liegt, sind die

Überlebenden 1846 gelandet und nacheinander an Entkräftung, Hunger und Kälte gestorben. Wie sich die Tragödie genau abgespielt hat, werden wir wohl nie erfahren. Als John Franklin mit den beiden Schiffen HMS EREBUS und HMS TERROR und einer 129 Mann starken Mannschaft 1845 im Auftrage der britischen Admiralität aufbrach, um die Nordwestpassage zu finden, zweifelte kaum jemand am Gelingen der Mission. Die beiden Schiffe waren unglaublich solide gebaut, verfügten bereits über Dampfmaschinen und jedwede Ausrüstung, die nach damaligen Maßstäben eine Expeditionsreise sicher und weitgehend angenehm gestalten musste. Als man zwei Jahre später aber immer noch nichts über den Verbleib der Expedition gehört hatte, begann man sich zu sorgen. Die ersten von insgesamt über 40 Suchexpeditionen, zum Teil von Lady Franklin initiiert und finanziert, machten sich auf den Weg. 1850 fand man auf der Beechey-Insel die ersten Spuren. Zuerst entdeckte man einen großen Steinhaufen, wie er üblicherweise von Expeditionen als gut sichtbarer »Briefkasten« eingerichtet wurde. Eine Nachricht fand man allerdings nicht darin, aber überall lagen verstreut Ausrüstungsgegenstände herum, die eindeutig der Franklin-Expedition

Die ganze Einsamkeit von Beechey Island wird in diesem Bild deutlich. Franklin verbrachte den ersten Winter auf der Insel. Danach verloren sich seine Spuren.

Namen von William Braine, John Hartnell und John Torrington eingemeißelt, alle drei Seeleute der EREBUS und TERROR. Die erste Unheil verkündende Spur der Franklin-Expedition war gefunden. Aber warum hatte Franklin nicht wie vereinbart eine Nachrichten hinterlassen? Offenbar hatten die beiden Schiffe den ersten Winter hier verbracht. Warum gab es zu einem so frühen Zeitpunkt bereits die ersten Toten? Die Expedition war für damalige Verhältnisse schließlich bestens ausgerüstet. Und wo waren die Schiffe abgeblieben? Die weitere Suche ergab keine neuen Erkenntnisse. Zwar wurden eine Schmiede, ein Vorratshaus, die Überreste eines Zeltplatzes sowie mehrere hundert mit Sand gefüllte Konservendosen gefunden. Aber keine Botschaft.

Ein paar Jahre später, 1853, brachte der britische Forscher John Rae, der im Auftrag der Hudson's Bay Company die Westküste der Boothia Peninsula kartierte, weitere Besorgnis erregende Nachrichten mit zurück: Inuit hatten ihm von Weißen erzählt, die westlich von Boothia verhungert seien und dass die Toten offenbar den Überlebenden als Nahrung gedient hätten. England, das sich zu dieser Zeit im Krim-Krieg befand, maß dieser Meldung nicht die nötige Bedeutung zu, obgleich es Rae sogar gelungen war, den Inuit einige Gegenstände abzukaufen, die diese bei den Leichenresten gefunden hatten. Darunter befanden sich mit Monogrammen versehene Löffel und Gabeln – sowie ein Orden von Sir John Franklin. Doch Kannibalismus auf einer Expedition der britischen Admiralität war nicht die Nachricht, die man hören wollte. Es war einfach undenkbar!

Sir John Franklin wurde zum Synonym für die Geschichten und Dramen, die sich um die Nordwestpassage ranken.

zuzuordnen waren. Kurz darauf aber die Sensation: Einer der Seeleute fand auf einer Landzunge unweit des Strandes drei nebeneinander liegende Gräber. In den Grabplatten waren die

Schließlich gelang es einer von Lady Franklin finanzierten Expedition unter der Leitung von Leopold M'Clintock sowie Leutnant Hobson an Bord der Fox eine neue Spur zu finden. Auf der Suchexpedition machten sie ebenfalls Station auf Beechey Island und errichteten an der Stelle, an der Franklin seinen ersten Winter verbracht hatte, in Lady Franklins Namen ein Denkmal. Danach steuerte M'Clintock sein Schiff durch das Prince Regent Inlet bis zum Osteingang der Bellot Strait, wo sie ihr Winterlager an einer Stelle errichteten, die heute Fort Ross genannt wird. Von dort aus überquerten sie im April 1859, also bereits 14 Jahre nach dem Aufbruch der Franklin-Expedition, die Boothia Peninsula zum Peel Sound und folgten der Küste südwärts. Nachdem sie King William Island erreicht hatten, teilten M'Clintock und Hobson die Mannschaft in zwei Gruppen auf und suchten getrennt weiter. Hobson sollte mit seiner Gruppe die Westküste der Insel absuchen, M'Clintock selbst suchte entlang der Ostküste. Schon bald traf M'Clintock auf Inuit, die ihm von einem Schiff berichteten, das auf der Westseite der Insel im Eis eingeschlossen sei. Sie hätten beobachtet, wie die Besatzung niederfiel und starb. Die Schilderungen schienen ebenso wie zuvor bei Rae glaubwürdig.

M'Clintock fand weitere Beweise für den Aufenthalt der Expedition, unter anderem auch auf dem Festland eine Bucht, die heute Starvation Cove heißt. Verstreut herumliegende Ausrüstungsgegenstände ließen immer wieder Rückschlüsse auf Franklin zu. Aber was war genau passiert? Auf dem Rückmarsch entlang der Westküste entdeckte M'Clintock schließlich das erste Skelett, daneben ein verblichenes, aber noch les-

Das Grabmal von John Torrington auf Beechey Island. Er ist einer der verstorbenen Matrosen der Franklin-Expedition.

bares Notizbuch sowie einen Kamm und eine Bürste. Der Tote, so ergab das Notizbuch, hatte zur Mannschaft der Terror gehört, sein Name war Harry Peglar.

Die aufschlussreichere Entdeckung tätigte aber Leutnant Hobson. Am 5. Mai hatte er an der Nordwestecke von King William Island einen Steinmann nahe dem Victory Point entdeckt. Nachdem Hobson den Steinhaufen geöffnet hatte, fand er endlich die erste lang ersehnte Nachricht der Expedition vor. Es handelte sich

dabei um einen Vordruck der Marine, der durch handschriftliche Notizen erweitert worden war. Darunter auch die Nachricht, die die traurige Gewissheit brachte: »Bis zu diesem Datum (11. Juni 1847) waren bereits insgesamt neun Offiziere und 15 Seeleute der Expedition gestorben. Sir John Franklin starb am 11. Juni 1847.« Und Hobson fand noch mehr: In einem Rettungsboot lagen die Skelette zweier Menschen sowie Ausrüstungsgegenstände aller Art. M'Clintock, der wenig später den Schauplatz erreichte, schätzte das ausgerüstete 8,5 Meter lange Boot auf ein Gesamtgewicht von 635 Kilogramm. Das Irritierende an dem Fund waren die Ausrüstungsgegenstände selbst: Seidene Taschentücher, parfümierte Seife, Schwämme, Zahnbürsten, Bücher, Bestecke und andere Dinge, die wohl niemand ernsthaft mitnehmen würde, wenn es darum geht, sein nacktes Leben zu retten.

Gerade dieses irrationale Verhalten lieferte den Stoff für den Mythos, der sich bis heute um die Franklin-Expedition rankt. Kaum ein Jahr vergeht, an dem nicht auch heute noch jemand nach Spuren sucht. 1982 hatte ein wissenschaftliches Team unter Leitung des Anthropologen Dr. Owen Beattie die drei auf Beechey Island bestatteten Seeleute exhumiert und obduziert. Es muss eine makabre Zeitreise gewesen sein, als die im Permafrostboden nahezu perfekt konservierten Leichen aus dem eisigen Boden gehoben und in einem eigens dafür eingerichteten Zelt obduziert wurden. Die Vermutung Beatties, dass die Seeleute an einer Bleivergiftung gestorben sind, mag schlüssig sein – obwohl sie keinesfalls unumstritten ist –, da es auch den Umstand erklären würde, warum Hobson und M'Clintock in dem

Die einzige schriftliche Botschaft der Franklin-Expedition, die etwas Licht ins Dunkel bringt. Sie wurde 1847 auf Victoria Island hinterlegt und wurde am 6. Mai 1859 gefunden. Darin zu lesen ist auch, dass Sir John Franklin am 11. Juni 1847 gestorben ist.

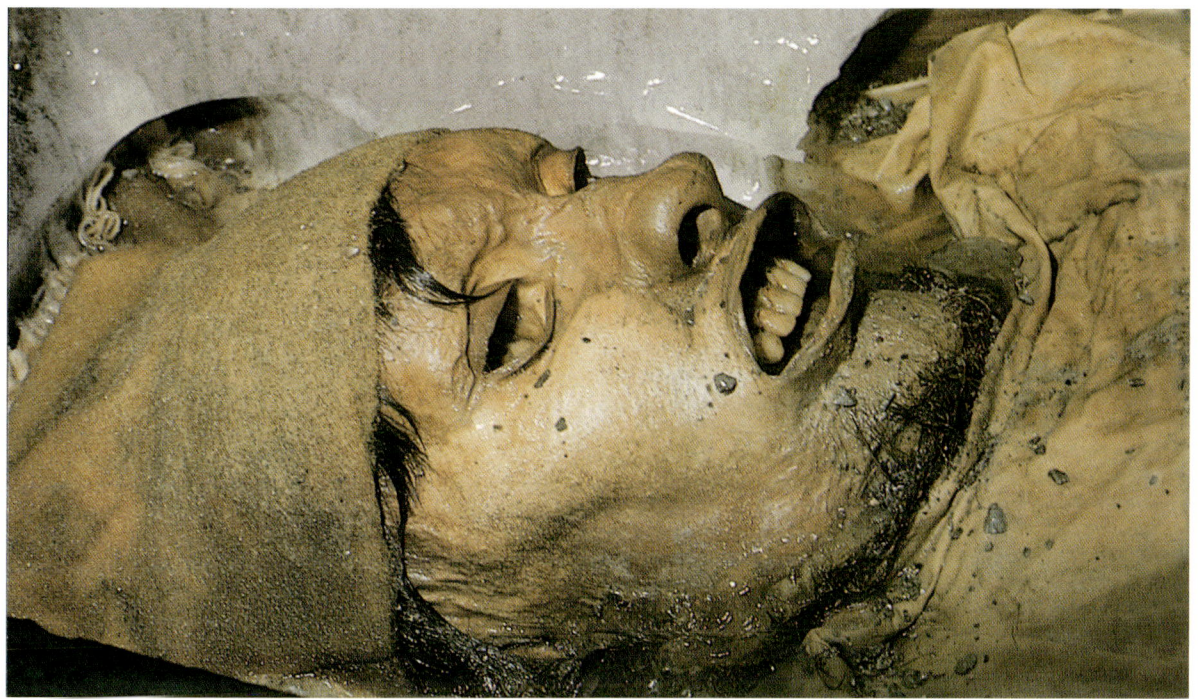

Boot auf King William Island so unnütze Dinge gefunden hatten, die nur Ballast bedeuteten. Bleivergiftung führt schleichend auch zu Bewusstseinsstörungen und irrationalem Handeln. Da man zu der damaligen Zeit noch nicht um die Gefahr einer Bleivergiftung wusste, wurden die Lebensmittel in mit Blei versiegelten Dosen aufbewahrt, was dazu führte, dass offenbar viele Zeitgenossen eine unverhältnismäßig hohe Bleikonzentration im Organismus hatten. Doch letztlich waren die drei Seeleute – wie das Team um Beattie selbst feststellte, an Tuberkulose gestorben.

Das eigentlich Tragische am Verlauf der Expedition ist die unglückliche Routenwahl Franklins gewesen. Er konnte es nicht besser wissen, doch wäre er an der Nordspitze King William Islands

Nach 138 Jahren werden die drei Gräber auf Beechey Island von einem Wissenschaftlerteam im Jahre 1984 geöffnet.

Die Toten – hier James Hartnell – sind im Dauerfrost perfekt erhalten geblieben.

in südöstliche Richtung gesegelt, hätte er vermutlich ohne größere Probleme offenes Wasser und damit auch bekanntes Terrain erreicht. Wahrscheinlich vermutete er aber, dass King William Island eine Halbinsel, sozusagen eine Fortsetzung des Festlandes nach Norden war und nicht umsegelt werden konnte. Eine tragische Fehleinschätzung. Die von ihm bevorzugte Victoria Strait wird über den McClintock Channel

Nachdem Franklin und seine Mannschaft die vom Eis eingeschlossenen Schiffe EREBUS und TERROR aufgeben hatten, zogen sie über Land weiter und schleppten dabei sogar ein schweres Boot hinter sich her. Die Schwerfälligkeit wurde ihnen endgültig zum Verhängnis.

mit enorm schwerem und mehrjährigem Eis gespeist. Nur selten ist sie in ganzer Länge für Schiffe ohne Eisbrecherunterstützung befahrbar. Sein Entschluss, ausgerechnet durch diese Straße segeln zu wollen, führte letztlich zum Verlust der Schiffe und zum Untergang der gesamten Expedition.

Die Simpson Strait, die King William Island vom Festland trennt, ist ein navigatorisch anspruchsvolles Gewässer. Sie ist gespickt mit Untiefen, hinzu kommen ein starker Gezeitenstrom und häufig schlechte Sichtverhältnisse. Die Seekarten, die uns vorliegen, sind zwar neu gekauft, aber dennoch alt. Sie korrespondieren nicht mit den modernen und genauen GPS-Daten. Die Positionen weichen sowohl in Länge wie Breite erheblich voneinander ab. Das Problem ist bekannt; um Siedlungen wie Gjoa Haven mit Schleppverbänden versorgen zu können, legt die Coast Guard deshalb für wenige Wochen im Jahr Tonnen aus und unterhält auch Richtmarken an Land, um die Navigation leichter und vor allen Dingen sicherer zu machen. Somit ist es keine allzu große Kunst für uns, zwischen den Untiefen zu manövrieren. Aber man darf sich auch keine Fehler leisten.

Kurz bevor wir Gjoa Haven erreichen, sichten wir Todd Island. Während die DAGMAR AAEN bei leichtem Wind langsam weitersegelt, fahren einige von uns mit dem Schlauchboot an Land, um sich dort umzusehen. Man hat uns erzählt, dass es dort Gräber gibt, die ebenfalls von der Franklin-Expedition stammen sollen. Gefunden hatte man die Gräber offenbar schon Anfang des vergangenen Jahrhunderts, sie sind dann aber wieder in Vergessenheit geraten. Louie Kamookak aus Gjoa Haven hat sie vor kurzem wiederentdeckt. Aufgrund seiner Beschreibung finden auch wir die Gräber. Viel ist nicht zu sehen. Immerhin sind seit der Katastrophe 157 Jahre vergangen. Und dennoch: Es fällt schwer, sich der Stimmung dieser Insel zu entziehen. An solchen Orten spürt man die Vergänglichkeit – auch die eigene.

Das Kamerateam von rechts: Gunther Scholz, Ralf Gemmecke und Torsten Heller.

Nach der Polarnacht ist die Sonne zurückgekehrt. Das bedeutet aber noch lange nicht das Ende des Winters. Die Temperatur liegt im März immer noch bei – 40 °C bis –50 °C (Doppelseite 128/129).

Gjoa Haven

Ein ungewöhnliches Jubiläum

Ende September 1903 segelte Roald Amundsen mit der GJØA entlang der Küste von King William Island nach Süden. Anders als Franklin hatte er sich nicht dazu verleiten lassen, durch die gefährliche Victoria Strait zu fahren, sondern er war an der Ostseite von King William Island entlanggesegelt und hatte damit das fehlende Glied in der Kette gefunden. Dennoch, die Fahrt war nicht einfach gewesen, und es lag eine aufregende Phase hinter ihm und seiner Besatzung. In der von ihnen erstmals durchfahrenen James Ross Strait waren sie auf Grund gelaufen und hatten das Schiff nur dadurch wieder freibekommen, indem sie einen großen Teil der Ausrüstung über Bord warfen und – als dies immer noch nicht half – bei Sturm und unter Zuhilfenahme des Motors alle Segel setzten, um sich freizusegeln. Das gelang schließlich, aber die Stöße, die das Schiff aushalten musste, waren mörderisch: *»Schaum und Wasser fegten über die Yacht hin, der Mast zitterte – die Gjöa bereitete sich zu einem letzten, entscheidenden Sprung vor. Dann* wurde sie aufgehoben – hoch hinauf – und plötzlich mit Gewalt auf die nackten Steine geschleudert – Stoß auf Stoß, heftiger als je ... In meiner Not schicke ich – ich gestehe es ehrlich – ein heißes Gebet zu dem allmächtigen Gott empor – noch ein Stoß, ein heftigerer als alle anderen – noch einer – und wir glitten weiter!«

Das Wetter blieb jahreszeitlich bedingt schlecht. Ständig stand jemand in der Eistonne und hielt nach Eis, aber auch nach Untiefen Ausschau. An jenem Nachmittag hatte gerade Helmar Hansen Wache im Mastkorb. Plötzlich fuchtelte er aufgeregt mit den Armen und rief hinunter an Deck: *»Ich sehe den schönsten kleinen Hafen, den es überhaupt geben kann!«* Amundsen kletterte zu ihm hinauf, *»und ganz richtig; klein und vor allen Winden geschützt, wie ein Paradies für uns mutige Seefahrer, lag der Hafen da, der später den Namen Gjöahavn erhielt ... Gleich als ich den Gjöahavn sah, beschloss ich, ihn als Winterquartier zu wählen.«*

Nachdem sie vor der schmalen Einfahrt geankert und den Hafen samt Einfahrt mit dem Beiboot sondiert hatten, fuhren sie schließlich am Sonntag, den 27. September 1903, in die Bucht hinein und ankerten. Der Hafen schien Amundsen so geeignet, dass er gleich zwei Winter in Folge dort

Die niedrig stehende Septembersonne lässt das Schiff und die Ortschaft von Gjoa Haven in einem warmen Licht erstrahlen.

Die DAGMAR AAEN ankert vor Gjoa Haven – an der gleichen Stelle, an der Amundsens GJØA 100 Jahre zuvor vor Anker lag.

verbrachte. Bereits am 3. Oktober hatte sich eine so starke Eisdecke gebildet, dass sie über das Eis an Land gehen konnten. Es dauerte nicht lange, bis die erste denkwürdige Begegnung mit den dort lebenden Netilik Eskimos stattfand. Die vielen unterschiedlichen Berichte über die Inuit ließen Amundsen zunächst mit äußerstem Argwohn und Vorsicht reagieren. Mit geladenen Waffen und martialischem Auftreten erwarteten sie misstrauisch die ersten Besucher. Die Spannung löste sich erst, als die Inuit »Manik-tu-mi, Manik-tu-mi« riefen. Von früheren Polarreisenden wusste Amundsen um die Bedeutung dieses Wortes, es ist »*der allerhöchste Freundschaftsgruß dieser Eskimos.*«

Das Verhältnis, das sich während des Aufenthalts der GJØA zwischen den Inuit und den Norwegern entwickelte, spiegelt am besten eine Aussage Amundsens wieder: »*Mein aufrichtigster Wunsch für meine Freunde, die Nechilli-Eskimos, besteht darin, dass die Zivilisation sie nie erreichen möge.*« Auch wenn das Aufeinanderprallen zweier so verschiedener Kulturen gelegentlich zu Missverständnissen und kleinen Spannungen führte, man respektierte den anderen und gab sich Mühe, ihn zu verstehen. Amundsen lernte von den Inuit unter anderem das Hundeschlittenfahren und das Überleben in Eis und Kälte, Fähigkeiten, die ihn einige Jahre später zu einem überlegenen Gegner von Robert Falcon Scott im Wettlauf zum Südpol werden ließen.

Amundsen wird häufig als kühl und unnahbar geschildert. In seinen Erzählungen über die Inuit aber klingt immer wieder die menschliche Wärme, die Achtung und die Liebe zu diesen Menschen durch. Das müssen auch die Inuit gespürt und überliefert haben, denn noch heute genießt Amundsen im Gegensatz zu manch anderem Polarforscher ein hohes Ansehen. Amundsens Hoffnung, dass die Zivilisation diese Menschen niemals erreichen möge, blieb ein frommer Wunsch. Aus dem norwegischen Gjøahavn wurde das englische Gjoa Haven (sprich: »Jo Häven«). Mit der Überwinterung, die im September 1903 begann, wurde auch der Grundstein für die heutige Siedlung gelegt. Noch in den 1950er-Jahren lebten nur einige Familien in und um Gjoa Haven. Heute hat sich eine kleine Ortschaft entwickelt, die die höchste Pro-Kopf-Geburtenrate von ganz Kanada aufzuweisen hat. Wir erreichen die schmale Einfahrt, die in den »schönsten kleinen Hafen« führt am Nachmittag des 5. Septembers 2003 – fast auf den Tag genau 100 Jahre nach Amundsen. Mit ca. 4 °Celsius und einem durchdringenden Nordwestwind ist es recht kühl. Wir sind gespannt und neugierig.

Die DAGMAR AAEN ist in Größe, Bauart und Takelung der GJØA Amundsens recht ähnlich, aus größerer Distanz könnte man die Schiffe glatt verwechseln. Heute, das wissen wir, ist nicht irgendein Tag, heute feiert der Ort sein 100-jähriges Bestehen. Wir wussten schon lange von die-

Die GJØA vor Anker in der Bucht von Gjoa Haven – dem laut Amundsen »schönsten, kleinen Hafen, den es überhaupt geben kann.«

133

sem Datum und hatten uns fest vorgenommen, als Überraschungsgäste und unangemeldet zu Beginn der Feierlichkeiten in die Bucht einzulaufen – vorausgesetzt wir würden nicht irgendwo vom Eis oder Wetter aufgehalten werden. 2690 Seemeilen haben wir seit Dutch Harbor zurückgelegt und damit eine stattliche Anreise gehabt. Wie wird man reagieren, wenn urplötzlich und unerwartet ein Schiff anlässlich der 100-Jahrfeier in der Hafeneinfahrt auftaucht, das die GJØA sein könnte? Die Reaktion lässt nicht lange auf sich warten. Motorboote kommen uns entgegen, bis auf den letzten Platz mit Jung und Alt beladen, die uns freundlich zuwinken, dicht neben uns herfahren und uns durch die enge Einfahrt geleiten. Wo wir herkommen fragen sie, und immer wieder hören wir ein freundliches »Welcome to Gjoa Haven«. Es ist Freitag, und von unseren Freunden in Cambridge Bay haben wir erfahren, dass das gesamte Wochenende im Zeichen der 100-Jahrfeier stehen wird. Historische Nachbauten von Kajaks kommen uns entgegen, weisen uns einen geeigneten Ankerplatz zu und immer wieder blicken wir in lächelnde Gesichter und hören das vertraute »Welcome«.

Anlässlich der Feierlichkeiten ist sogar der norwegische Botschafter mit seiner Frau eingeflogen, ein Fernsehteam von CBC ist vor Ort, Repräsentanten der Regierung und der Polizei ebenfalls – es ist ein ungewöhnlicher Menschenauflauf für ein Dorf, das lediglich 960 Einwohner zählt und ansonsten jenseits der öffentlichen Wahrnehmung liegt. Aber an diesem Wochenende ist alles anders.

Am nächsten Morgen empfangen wir die ersten Gäste an Bord. Es gibt Tee, Kaffee und Gebäck, das Kamerateam ist überglücklich, die DAGMAR AAEN als dramaturgischen Hintergrund für ihre Dokumentation zur Verfügung zu haben, aber besonders die Inuit kommen uns besuchen. Und wir erhalten eine Gegeneinladung, an den Feierlichkeiten mitzuwirken. Darauf hatten wir gehofft, wohl wissend, dass das keine Selbstverständlichkeit ist. Aber unser Besuch ist bei den Menschen angekommen.

Zunächst gibt es die bei solchen Anlässen obligatorischen Reden der offiziellen Vertreter sowie des norwegischen Botschafters, ein Denkmal wird enthüllt, ein Polizist steigt als Festakt in der alten Uniform der RCMP in eines der nachgebauten Kajaks – und kentert prompt. Einige Sekunden angespanntes Abwarten, und als er nicht wieder hochkommt, springen einige beherzte Inuit in das eiskalte Wasser und retten den Ordnungshüter, der mit einem Mal gar nicht mehr so würdig aussieht wie zuvor. Alle lachen, nur der Betroffene ist peinlich berührt und klappert hemmungslos mit den Zähnen. Die eigentliche Feier findet in der Community Hall statt, einer Art Mehrzweckhalle. Das ganze Dorf, Jung und Alt, ist versammelt. Gesessen wird auf dem Fußboden. An einer Seite des Raums ist eine kleine Bühne aufgebaut, seitlich versetzt davon eine lange Reihe mit Tischen, auf denen später das »Buffet« aufgebaut wird. Die Schuhe der Gäste bleiben im Eingangsbereich zurück, jeder läuft auf Strümpfen oder in traditionellen Kamiks herum, die neben anderen Vorteilen gegenüber unserem Schuhzeug die Eigenart haben, kein Profil zu besitzen und deshalb immer sauber sind. Auffallend ist der hohe Anteil der Bevölkerung an Säuglingen, Kindern und Jugendlichen. Nir-

gendwo sonst in Nordamerika werden so viele Kinder geboren wie bei den Inuit. Und sie fangen früh an! Es ist überhaupt nicht ungewöhnlich, dass ein dreizehnjähriges Mädchen Mutter wird. Mit 18 haben fast alle jungen Frauen bereits ein Kind. Louie Kamookak erzählt uns stolz, dass seine jüngste Tochter gerade ein Jahr alt geworden ist – zeitgleich mit seinem jüngsten Enkelkind. Es ist in den Gemeinden und Familien auch durchaus üblich, dass die Großeltern eines oder zwei ihrer Enkelkinder adoptieren und großziehen, da die eigentlichen Eltern selbst noch Kinder sind. Kinder sind für diese Menschen ein zentraler

Die Kinder von Gjoa Haven kommen uns besuchen und bringen Gastgeschenke mit –

fast immer ist es Arctic Char – ein außergewöhnlich leckerer Fisch, der dort gefangen wird.

Lebensinhalt. Aber wie sieht die Zukunftsperspektive der heranwachsenden Jugendlichen aus? Leider sind Alkohol und Drogen nicht nur für urbane Regionen ein Problem, sie sind es in besonderem Maße auch für die kleinen Kommunen im hohen Norden. Gjoa Haven ist eine »trockene« Gemeinde. Jeglicher Besitz von Alko-

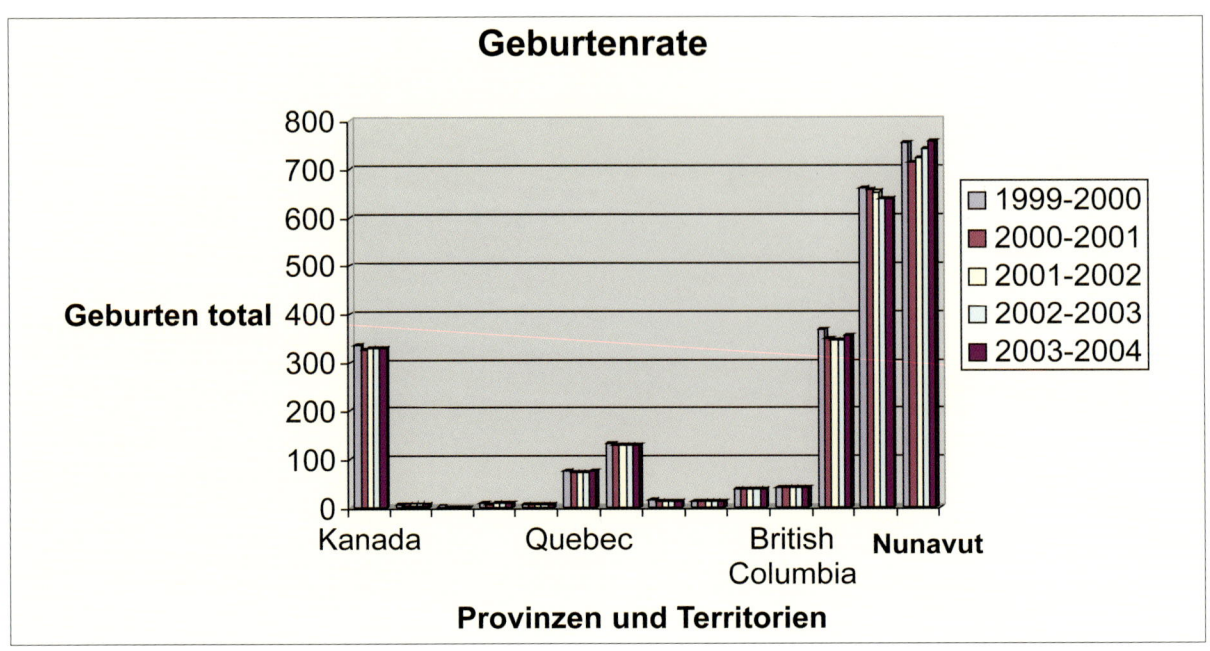

Geburtenrate

Geburten total

Provinzen und Territorien

Legend:
- 1999-2000
- 2000-2001
- 2001-2002
- 2002-2003
- 2003-2004

Die Grafik macht die Geburtenrate in Kanada deutlich. Spitzenreiter ist mit Abstand Nunavut.

hol ist streng verboten, das gilt auch für Besucher. Anders als in Cambridge Bay, wo nur der Verkauf von alkoholischen Getränken untersagt ist, ist man in Gjoa Haven noch einen Schritt weitergegangen. Mit gutem Erfolg, wie unser Eindruck ist. Trotzdem, wie wir in Gesprächen erfahren, gibt es immer wieder Probleme, insbesondere auch mit Drogen, die sich leicht und unbemerkt einschmuggeln lassen. In Cambridge Bay waren wir ganz ungeniert von Jugendlichen eingeladen worden, doch mit ihnen »Pot«, also Marihuana zu rauchen. Bei den Älteren ist der Alkohol das Problem Nr. 1. Familien, in denen getrunken wird, werden unweigerlich akten-

kundig. Gewalt in der Familie, daraus resultierende Beschaffungskriminalität, gewalttätige Frustentladungen, Zerstörungswut und die Vernachlässigung der Kinder, den eigentlichen Leidtragenden, sind die Folge davon. Kleine Jungen und Mädchen laufen schlecht bekleidet, hungrig und vor Kälte schlotternd in den Dörfern herum. Nach Hause mögen sie nicht, da dort ihre Eltern bis zur Bewusstlosigkeit dem Alkohol zusprechen. Das ist nicht die Regel, aber solche Fälle gibt es, und sie führen letztlich dazu, dass die Zukunft der betroffenen Kinder vorprogrammiert ist. Die Polizei in Cambridge Bay hat keine leichte Aufgabe. Lediglich die Aufklärung von Verbrechen gestaltet sich meistens erstaunlich einfach, weil die Täter ihre Tat fast nie leugnen. Die Menschen sind grundehrlich, auch wenn sie sich selbst dadurch belasten.

In Gjoa Haven ist es ruhiger, wohl auch aufgrund des bestehenden Alkoholverbotes, das ja von der Gemeindeverwaltung selbst beschlossen worden ist. Aber das Problem der Jugendlichen besteht häufig in der Perspektivlosigkeit. Über das Fernsehen, das in den meisten Haushalten fast rund um die Uhr in Betrieb ist, werden sie mit den Verlockungen einer vermeintlich glitzernden Welt konfrontiert, die es in den kleinen arktischen Gemeinden nicht gibt. Kinder sind schulpflichtig, doch wenn die Eltern für einige Wochen ins Sommercamp zum Fischen fahren, nehmen sie ihren Nachwuchs mit – egal ob gerade Ferien sind oder nicht. Wie soll man dieses Problem lösen? Und wohin gehen die Heranwachsenden, wenn sie zu weiterführenden Schulen müssen? Meist müssen sie ihren Ort und ihre Familien verlassen, denen sie sich tief verbunden fühlen. Auch wenn sie den Verlockungen der Glitzerwelt der Städte nur allzu gern erliegen, die engen Bindungen an ihre Familien, die Siedlungen und die arktische Landschaft werden sie niemals los. Sie sind entwurzelt und, ohne es zu wollen, zu Wanderern zwischen den Welten geworden. Es wird vermutlich noch einige Generationen brauchen, um eine Normalität zu entwickeln.

Überhaupt haben diese Menschen einen kulturellen Quantensprung vollziehen müssen. Ich blicke in die Gesichter der alten Frauen, die auf dem Boden der Mehrzweckhalle sitzen, in ihre traditionellen Kleider gewandet und sich vergnügt auf Inuktituk miteinander unterhaltend. Die englische Sprache beherrschen sie bis auf wenige Worte nicht, für eine Unterhaltung ist es jedenfalls nicht genug. Die heute 70- oder 80-Jährigen in Gjoa Haven sind in ihrer Jugend noch mit Zelten und Hundeschlitten über die Tundra gezogen, um Karibus zu jagen, um zu den Sommercamps zum Fischen zu gelangen oder Beeren zu sammeln. Ihre Eltern waren es, die Amundsen getroffen hatte. Im Grunde genommen haben sie während einer einzigen Lebensspanne eine Entwicklung durchlebt, für die wir mehrere Generationen benötigten. Die Alten leben heute in einem Mix von traditioneller Lebensform und den Fernsehprogrammen mit ihrer oberflächlichen und ausufernden Werbung, einer Mischung aus Konsum und Über-

Diese alten Frauen sind in ihrer Jugend noch mit Hundeschlitten über die Tundra gezogen und haben in Zelten und Iglus gewohnt. Niemals zuvor hat sich das Leben der Inuit so grundlegend verändert wie in den zurückliegenden Jahrzehnten.

Louie Kamookak mit Frau und Kind. Eine moderne Inuit-Familie, die dennoch in ihren Traditionen tief verwurzelt ist.

fluss sowie der Erinnerung an die früher stets wiederkehrenden Hungersnöte. Sie leben heute mit rohem Fisch und Coca Cola, mit Internet, Motorschlitten, Four Weehler und nannten in ihrer Jugend Hundeschlitten, Iglus und Pfeil und Bogen ihr Eigen. Die Welt hat sich für diese Menschen grundlegend verändert. Schon geht die alte Kunst des Geschichtenerzählens verloren. Die junge Generation ist mit Fernsehen aufgewachsen, mit Büchern und Bildern. Die Alten hingegen haben ihre Erlebnisse und ihr Wissen ausschließlich mündlich weitergegeben. »Die Menschen hören nicht mehr so geduldig und aufmerksam zu, sie besuchen sich auch nicht mehr so häufig wie früher«, hat Louie Kamookak in einem Interview den Nunavut News erklärt.

Er besucht Judas Aqiriaq, einen der ältesten Bewohner von Gjoa Haven, regelmäßig, um seinen Schilderungen zu lauschen. Aber die Bereitschaft der jüngeren Generation dasselbe zu tun, nimmt ab. Im Wettbewerb mit dem Radio und dem Fernsehen haben die Geschichtenerzähler ihre Bedeutung verloren – damit ist das Volk im Begriff, einen wichtigen Teil seiner Kultur einzubüßen.

Aber es gibt auch erfreuliche Dinge zu berichten: Das Throat Singing, eine bestimmte Atemtechnik, die wie eine Art Kehlgesang klingt und von Frauen praktiziert wird, war fast im Aussterben begriffen. Für unsere Ohren klingt das meist paarweise durchgeführte Atmen ungewöhnlich, für die Inuit ist es Gesang. Erst in den letzten Jahren hat diese Kunst eine Renaissance erlebt. Junge Mädchen haben sich von den alten Frauen unterrichten lassen und praktizieren es jetzt selbstbewusst und mit Hingabe. Wir stehen staunend davor und fragen uns, wie die zierlichen Mädchen derartige Töne hervorbringen können. Es folgt der Drumdance, der Trommeltanz, der für die Menschen geradezu eine mystische Bedeutung hat. Aber auch der gerät zum Mix zwischen Neuzeit und alten Traditionen: Die Musikanten und Tänzer tragen Jeans und T-Shirts. Danach kommt das Essen. Wir sitzen wie alle anderen auf dem Boden, jemand reicht uns ein Stück abgerissene Pappe als Tellerersatz, ein anderer verteilt Bannock, das in Fett gebackene Brot, sowie Muktuk. Letzteres gilt als absolute Delikatesse. Muktuk ist die in Würfel geschnittene rohe Haut eines Wales, die wegen ihres fast nussartigen Geschmacks, besonders aber auch wegen ihres Vitamingehaltes von den Polarvölkern als Leckerei geschätzt wird. Auf den Tischen stehen Suppenschalen mit Brühe, roher Fisch, rohes Karibufleisch, getrockneter Arctic Char und Moschusochsenfleisch. Jeder hat irgendetwas zum Buffet beigesteuert. Wir sitzen zusammen und unterhalten uns, wobei ständig jemand vorbeikommt, um zu überprüfen, dass wir auch ja genug abbekommen. Mit Genugtuung wird registriert, dass wir das rohe Fleisch mit Appetit essen, mit den Fingern die Fleischbrocken zu den Lippen führen und die Brühe löffeln oder direkt aus den Schalen trinken. Torsten wird geradezu aufgefordert zu fotografieren, was ein seltener Gunstbeweis ist, weil besonders die Älteren im Alltag nur ungern abgelichtet werden. Wir fotografieren nie jemanden gegen seinen Willen – hier werden wir zum Ablichten ermuntert. Es ist offenbar ihre Art uns zu sagen, dass sie sich über den Besuch freuen. Die Feierlichkeiten ziehen sich bis auf kurze Unterbrechungen das ganze Wochenende hin. Diese Menschen verstehen es trefflich zu feiern – auch ohne einen einzigen Tropfen Alkohol. Als Knud Rasmussen auf seiner Reise durch die Arktis auf diese Menschen traf und mit ihnen einige Zeit verbrachte, da sagten sie ihm: »Oh! Ihr Fremden seht uns als glücklich und sorgenfrei an. Aber wenn ihr von den furchtbaren Dingen wüsstet, denen wir oft ausgesetzt sind, dann würdet ihr verstehen, warum wir so gerne lachen, essen, singen und tanzen.«

Am Sonntagnachmittag sind alle rechtschaffen müde. Das Botschafterehepaar und das Kamerateam sind mit dem Flugzeug abgereist, das ganze Dorf scheint in Tiefschlaf verfallen zu sein. Es sind nur wenige auf, als wir um 17 Uhr den

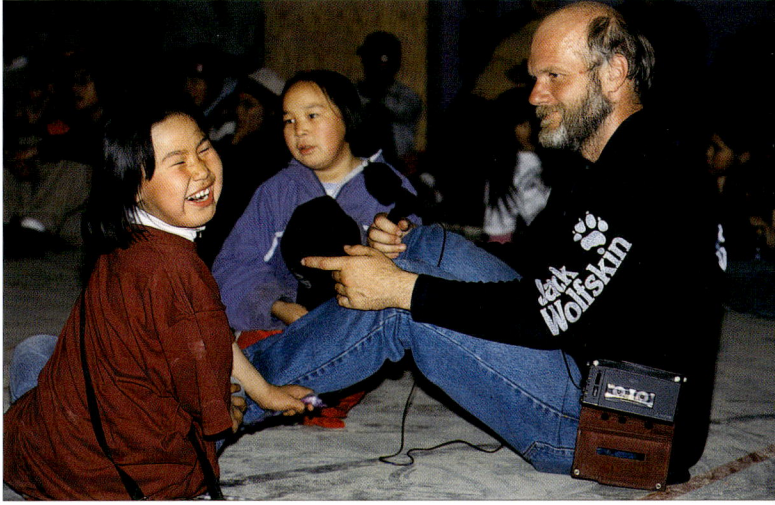

Martin nimmt die Gesänge der Kinder während der Hundertjahrfeier auf. Wir sind als Gäste herzlich willkommen und in die Feierlichkeiten integriert.

Anker hieven und langsam aus der Bucht steuern. Einige Kinder stehen an der schmalen Einfahrt und winken, und wir denken daran, dass man uns auch hier eingeladen hat zu überwintern, sofern es uns nicht gelingt, durchs Eis zu kommen. Die Möglichkeit, am Eis zu scheitern, ist für diese Menschen etwas völlig Normales. Für uns nähert sich die Stunde der Wahrheit.

Ein Blick aus der Eistonne der DAGMAR AAEN auf die Eisfelder im Larsen Sound und auf die POLAR BOUND von David Cowper. Mühsam und im Schneckentempo boxen wir uns durch das dichte Eis (Doppelseite 140/141).

Packeis

Die Tücken der Eisfahrt

Logbuch, 8. September 2003:
»Der Steuerkompass ist wegen der Nähe zum Magnetischen Pol in diesen Breiten nicht mehr verwendbar. Die Seewassertemperatur ist auf 0,8 ˚Celsius gefallen, im Rigg hat sich Vereisung gebildet.«
Wir gelangen ohne weitere Probleme durch die seichte und von Untiefen gespickte James Ross Strait. Irgendwo hier ist Amundsen 1903 nördlich von Matty Island auf Grund gelaufen. Selbst mit den uns zur Verfügung stehenden Seekarten müssen wir aufpassen. Es ist teilweise ein enges und mit Riffen gespicktes Gewässer. Die James Ross Strait kann durchaus als der Punkt bezeichnet werden, an dem die Probleme beginnen – oder aber auch enden, je nach Fahrtrichtung. Für uns beginnen sie hier. Wir sind mit David Cowper in der Kent Bay verabredet und haben von ihm über Funk erfahren, dass es bis dorthin keine nennenswerten Probleme mit dem Eis gegeben hat. Die Bucht selbst ist offen und bie-

tet daher kaum irgendeinen Schutz vor Wind und Eis, aber solange das Wetter ruhig bleibt, mag es gehen. Wir treffen auf vereinzelte Eisbrocken, ansonsten ist die See frei. Die Eiskarten, die wir noch in Gjoa Haven abgerufen haben, verhindern jedoch, dass wir uns irgendwelchen Illusionen hingeben. Nur wenige Meilen nördlich der Kent Bay liegt das Eis, fest gepackt und solide – die Chancen stehen nicht gut. Vor der POLAR BOUND und uns sind noch zwei weitere Yachten in diesem Jahr in die Passage eingefahren. Es handelt sich dabei um die englische NORWEGIAN BLUE und die französische VAGABOND. Die VAGABOND ist für die Eisfahrt konzipiert und ausgerüstet, die NORWEGIAN BLUE ist es offenbar nicht. Trotzdem haben sich beide Yachten sehr weit vorgewagt, indem sie einer Rinne im Eis folgten, die bis in die Nähe der Tasmania Islands führte. Dann kam ein Winddreher. Beide Yachten sind seither im Eis gefangen, die Chancen stehen hoch, dass sie vor Ort überwintern müssen. Bei der VAGABOND dürfte das gehen, die andere Yacht wird während des Winters wohl kaum bewohnbar sein. Ich hielt dies Vorpreschen in Anbetracht der aktuellen Eislage für ziemlich gewagt, und David teilte meine Meinung. Aber es ist immer schwierig in solcher Lage, eine Entschei-

Das Eis hat sich im Bereich der Tasmania Islands geschlossen und hält die DAGMAR AAEN fest. Da hilft weder Lamentieren noch blinder Aktionismus. Wir müssen abwarten und auf unsere Chance hoffen.

dung zu treffen. Hält das Wetter? Was macht das Eis als nächstes? Zaudert und zögert man zu lange, kommt man nirgendwo hin; ist man übereifrig, bekommt man postwendend die Quittung. Aber die Wetter- und Eisprognosen waren nicht wirklich günstig für einen Durchbruchversuch. Momentan müssen die beiden Yachten in einer ziemlich exponierten Lage im Eis ausharren. Wir halten Funkkontakt mit beiden, und sie klingen besorgt.

In der Kent Bay bekommen auch wir die Last der Entscheidung zu spüren. Wir kommen uns vor wie ein Turmspringer. Ist der Absprung einmal vollzogen, gibt es kein Zurück mehr. Das sichere Eintauchen des Turmspringers ins Wasser hängt von seinem Können, der Fitness und dem richtigen Eintauchwinkel ab. Eine unerwartete Bö kann diese Gefüge fatal durcheinander bringen, aber so oder so gibt es kein Zurück mehr für ihn. Für uns ist die Kent Bay der Absprungplatz. Noch können wir uns zurückziehen, aber was wird aus der Passage? Ohne die Bereitschaft, Gefahren einzugehen, darf man nicht hoffen, die Nordwestpassage zu durchsegeln. Das war immer so, und daran hat sich bis heute wenig geändert. Lediglich die Entscheidungshilfen sind besser geworden. Wir haben Wetterkarten von der kanadischen Wetterzentrale vorliegen, vom Deutschen Wetterdienst in Hamburg, aus Cambridge Bay gibt uns Peter zweimal täglich über Funk die neuste Eislage durch, und aus meinem Büro erhalte ich über Satellit und Fax skizzierte Eiskarten. Die Eislage in diesem Jahr ist denkbar ungünstig. Erschwerend kommt hinzu, dass wir bereits September haben und damit der Tauprozess abgeschlossen ist. Das Eis wird in diesem Jahr nicht weniger werden, sondern wieder zunehmen. Einzig der Wind kann uns jetzt noch helfen. Der September ist die Zeit der Herbststürme, und genau ein solcher Sturm zeichnet sich derzeit auf der Wetterkarte ab. Wind aus Südost mit 40 Knoten meldet die Coast Guard für die nächsten 48 Stunden. Es ist wie ein Geschenk des Himmels, als ob unser Flehen erhört worden wäre.

Am Morgen des 9. September fängt es an zu wehen. Die ersten Böen mit eisigen 35 bis 40 Knoten fegen über die Bucht. Der Anker beginnt zu slippen, wir bergen ihn, da wir ohnehin aufbrechen wollen. Südostwind bedeutet für uns, dass das Eis vor uns von der Küste fortgeschoben wird und sich eine Rinne offenen Wassers ausbilden wird. Von hier bis zu den Tasmania Islands sind es etwa 80 Seemeilen, danach – das wissen wir – ist der Peel Sound bis zur Bellot Strait frei. Bei der angekündigten Dauer des Starkwindes von 48 Stunden sollten wir es locker bis zu den Inseln und weiter bis zur Bellot Strait schaffen. Das ist der Moment, auf den wir gewartet haben, unser Timing war genau richtig! Und tatsächlich, während wir die Bucht verlassen, beobachten wir, wie das Eis in nordwestliche Richtung driftet. David folgt uns mit seiner POLAR BOUND, auch er wirkt erleichtert, doch noch ein Wetterfenster gefunden zu haben. Wir fahren mit raumen Wind und nachlaufenden Seen so zügig es geht nach Norden, auf Backbordseite ist die Eiskante stets in Sicht. In Böen erreicht der Wind 45 Knoten, das entspricht 9 Beaufort. Auf dem eisfreien Wasser baut sich schnell Seegang auf. Trotz der Kälte sind wir froh und gut gelaunt. Bei diesem Wind müssten wir morgen an der Bellot Strait und damit fürs Erste aus dem Schneider

sein. So denken wir, und so ist es laut Wetterkarte auch zu erwarten. Aber dann kommt doch alles anders.

Unerwartet und plötzlich nimmt das Tief einen anderen Verlauf. Bereits nachmittags bemerke ich, wie der Wind plötzlich immer weiter auf Süd schwenkt und die für uns wichtige Ostkomponente einbüßt. Um 20 Uhr erreichen wir bei Schneegestöber und dem letzten Tageslicht die Tasmania Islands. Die Inseln ragen wie ein Wellenbrecher in unseren Kurs hinein. Wir müssen zwischen ihnen durch, aber in den Durchfahrten, so können wir im schwindenden Tageslicht erkennen, staut sich das Eis unter enormen

Lars stapelt Eisbrocken an Deck, um später daraus Frischwasser zu schmelzen. Ist das Meereis alt genug, verliert es den Salzgehalt und wird genießbar.

Druck. Als hätte der Wind nur darauf gewartet, dass wir uns soweit vorwagen, dreht er weiter auf Südwest und schließlich sogar auf Westsüdwest. Damit nimmt das Verhängnis seinen Lauf. Innerhalb weniger Stunden treibt das Eis zurück und schließt uns ein. Das, was wir unbedingt vermeiden wollten, ist nun eingetreten. Wir sind vom Eis besetzt, wie es in der Fachsprache heißt.

Aus Zeitvertreib spielen wir auf dem Eis Frisbee. Jede Abwechslung ist willkommen. Trotzdem sind wir konzentriert und registrieren jede Veränderung im Eis oder beim Wetter.

Wir sitzen spät im Jahr, am 10. September, an exponierter Stelle im Eis fest.

Eine einsamere Stelle kann man sich in der Nordwestpassage kaum aussuchen. Wind und Wetter haben schlagartig unsere Strategie auf den Kopf gestellt. Trotz aller Wetterinformationen sind wir in die Falle getappt. Haben wir etwas falsch gemacht? In großer Runde diskutieren wir unsere Vorgehensweise und kommen dennoch ohne zu beschönigen immer wieder zum gleichen Schluss: Bei den uns vorliegenden Wetterprog-

nosen, die zudem einhellig von verschiedenen Wetterbüros kamen, mussten wir so handeln. Die Wetterentwicklung hat einen unvorhersehbaren Verlauf genommen.

Am 10. und 11. September driften wir mit dem Eis. Durch den Südwestwind ist uns auch der Rückweg abgeschnitten worden, das Eis hat sich wieder überall geschlossen. Unter Maschine schieben wir den eisverstärkten Rumpf der DAGMAR AAEN Stück für Stück an den Shortland Channel heran, der die Inselgruppe vom Festland trennt. David folgt uns fast in Reichweite. Früh am Morgen des 12. kommen wir so dicht an eine der Inseln heran, dass wir im Flachwasser mit dem Schlauchboot anlanden können, um von einer Anhöhe aus einen Überblick über die Eislage zu gewinnen. Die Erkundung ergibt, dass

146

sich das Eis bis zum Horizont in alle Richtungen erstreckt. Aber nördlich der Inseln gibt es immerhin Rinnen im Eis, denen wir folgen könnten. Wir versuchen durchzubrechen. Ich lasse das Schlauchboot auch noch den weitgehend eisfreien Shortland Channel auskundschaften – der Durchbruch könnte gelingen.

Als das Beiboot wieder an Bord ist, fahren wir unter Maschine in den engen Shortland Channel ein. Wir haben es fast geschafft, als wir plötzlich auf eine Wand aus einer massiven und unter enormen Druck stehenden Eismauer treffen. Schlimmer noch, die Front treibt mit atemberaubender Geschwindigkeit auf uns zu. »Wir müssen umdrehen!«, rufe ich und lege das Ruder hart Steuerbord. Das Wendemanöver gelingt uns gerade noch, als auch schon die ersten Eisschollen polternd und mahlend die Rümpfe der DAGMAR AAEN und der POLAR BOUND treffen. Wie Schleusentore schieben sich die Schollen zusammen, verzahnen sich ineinander. Ich fahre das Schiff ohne Rücksicht auf mögliche Schäden und unter voller Maschinenleistung aus dem Kanal heraus. Unter Deck herrscht ein unvorstellbares Getöse. Der Bug zwängt sich krachend zwischen zwei Schollen, von denen jede erheblich schwerer als die DAGMAR AAEN ist. Das ganze Vorschiff hebt sich empor und drückt sich durch die Bewegungsenergie zwischen die Schollen, schafft sich auf diese Art eine kleine Lücke, durch die die beiden Schiffe fahren können. Der Druck der sich

plötzlich aufgebaut hat, die Dichte des Eises überraschen uns alle, obwohl wir schon so viele Jahre im Eis unterwegs sind. Als wir endlich aus dem Kanal heraus sind, fällt mir ein Stein vom Herzen. Das war knapp! Die NORWEGIAN BLUE und die VAGABOND sind hier noch vor wenigen Stunden ungeschoren durchgefahren, ihnen hat die kurze Sturmphase gereicht, bei uns fehlten lediglich einige Stunden, die jetzt aber zu einer kleinen Ewigkeit werden können. Wir versuchen es an anderer Stelle weiter westlich der Inseln.

Mit der Kettensäge trenne ich hervorstehende Eisnasen ab, damit sie den Rumpf nicht punktuell belasten.

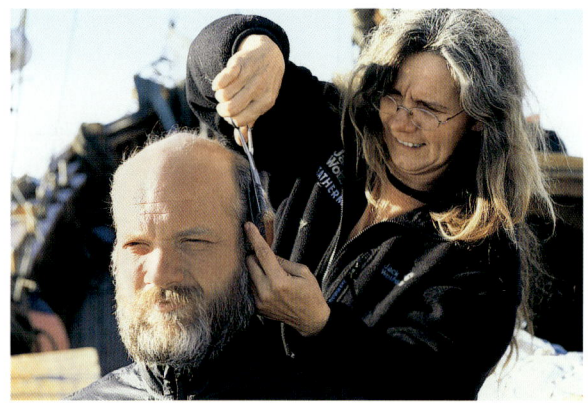

Während wir auf eine Besserung der Eislage warten, schneidet Uschi an Deck Martin die Haare.

Die Gewässer zwischen den Inseln sind so gut wie nicht vermessen. Vorsichtig tasten wir uns im Flachwasserbereich durch die dichten Eisfelder. Der Grund steigt bisweilen von hundert Metern Wassertiefe auf vier Meter an, um danach wieder auf achtzig Meter abzufallen. Sicher darf man sich hier nirgendwo fühlen. Endlich gelingt es uns, einen Durchschlupf zu finden und die Inseln hinter uns zu lassen. Doch schon am Abend des 12. September stecken wir auf Höhe von Cape Hobson wieder fest.

Zu allem Überfluss nimmt der Wind aus südwestlicher Richtung wieder zu und damit baut sich erneut Druck im Eis auf. Die POLAR BOUND wird vom Eis emporgehoben und liegt mit etwa 10° Schlagseite auf dem Eis. Die DAGMAR AAEN wird ebenfalls leicht angehoben, der Druck wird so stark, dass man den leichten Singsang im Eis hören kann, der entsteht, wenn sich das Eis zu pressen beginnt. Mit Äxten und Kettensäge tren-

nen wir die vorstehenden Eisnasen ab, die den Rumpf punktuell belasten, sodass das Eis flächig und gleichmäßig auf den Rumpf wirkt. Es gelingt uns, das Schiff soweit zu stabilisieren, dass es vom Eis angehoben wird. Damit ist es vorerst sicher, aber dessen ungeachtet ist unsere Situation alles andere als rosig. Wir sind wieder vom Eis besetzt, und das einzige Mittel, was man dagegen anwenden kann, ist Geduld zu haben, Wind und Eis genau zu beobachten und jederzeit bereit zu sein, Maßnahmen einzuleiten. Tagelang geht es so weiter. Im Logbuch verzeichne ich den lakonischen Eintrag: »Liegen im Eis, Lage unverändert. Wind aus Südwest 20 Knoten. Nirgendwo offenes Wasser zu sehen.« Wir werden auf eine harte Geduldsprobe gestellt. Um uns abzulenken, spielen wir auf dem Eis Frisbee, schneiden uns gegenseitig die Haare und versuchen, auf jede erdenkliche Art und Weise auf andere Gedanken zu kommen. Am 16. September ist unsere Lage immer noch unverändert. Wir sind leicht mit dem Eis gedriftet, ansonsten bewegt sich nicht viel. Die Seewassertemperatur ist mittlerweile auf –2 °C und die Lufttemperatur auf –3,6 °C abgefallen. Wenn es so weitergeht, werden die einzelnen Eisschollen über kurz oder lang zusammenfrieren – und das wär's dann für dieses Jahr. Bei unseren regelmäßigen Meldungen an die Coast Guard beschreiben wir unsere Lage. Davids Funkgerät ist leistungsstärker als das unsrige, deshalb kann er direkt mit der Coast Guard in Inuvik sprechen. David erfährt auf diesem Wege, dass zur Zeit zwei Eisbrecher in der Region stationiert sind. Aufgrund der Erfahrung, die ich mit Eisbrechern in der Vergangenheit gemacht habe, glaube ich zwar nicht, dass sie uns helfen können. Trotzdem tut das Wissen, sie in der Nähe zu haben, gut.

Auch am nächsten Tag ist die Lage unverändert, zudem schneit es und alle Zeichen stehen auf Winter. Die Coast Guard teilt uns mit, dass der Eisbrecher PIERRE RADISSON unterwegs zu uns ist. Am 18. September taucht in der Ferne die klotzige Silhouette des Eisbrechers auf. Die PIERRE RADISSON arbeitet sich zunächst an die POLAR BOUND heran und bleibt dort gestoppt die Nacht über im Eis liegen. Am nächsten Morgen schiebt der Kapitän Serge Brulé sein Schiff langsam an die DAGMAR AAEN heran. Mit bewundernswertem Geschick manövriert er den Eisbrecher in unmittelbare Nähe zu uns, ohne dass wir nennenswerte Bewegungen im Eis verspüren. Als er aufgestoppt hat, mache ich mich zusammen mit Martin und Torsten zu Fuß über das Eis auf den Weg zu einem Besuch an Bord. Auf der Brücke werden wir aufs Wärmste empfangen und bei einer Mug dampfenden Kaffees erörtert uns Serge Brulé seinen Plan: Er möchte mit uns an Bord eine Probefahrt durchs Eis machen. Wir sollen uns während der Fahrt am Heck seines Schiffes positionieren und das Kielwasser beobachten bzw. uns einen Eindruck darüber verschaffen, ob es möglich ist, mit der DAGMAR AAEN dem Eisbrecher zu folgen. Als die Maschinen dröhnend zum Leben erwachen und die Vibrationen durch den ganzen Schiffskörper laufen, stehe ich mit Martin an der Reling und blicke in den Mahlstrom, den drei Schrauben und insgesamt 18 000 PS erzeugen. Selbst für ein so großes Schiff ist die Eisdichte nicht einfach zu meistern. Krachend und berstend frisst sich der Rumpf des Eisbrechers durch die meterdicken Eisschollen. Aber jede Hoffnung auf eine eisfreie Rinne hinter dem Schiff wird zunichte gemacht. Das Eis steht unter so enormen Druck, dass sich die gebrochenen Eisschollen in Sekundenschnelle hinter dem Eisbrecher wieder neu formieren und die offene Rinne schließen. Dabei poppen einige von ihnen aus den Tiefen des Meeres hoch wie ein aufschwimmender Korken – nur sind sie viele Tonnen schwer und würden den Rümpfen der DAGMAR AAEN und der POLAR BOUND erheblichen Schaden zufügen. Serge Brulé fährt eine große Runde und nimmt dann wieder die alte Position unmittelbar neben unserem Schiff ein. Es bedarf keiner großen Überlegungen oder Diskussionen, wir alle sind zum gleichen Schluss gekommen: Der Versuch, dem Eisbrecher zu folgen, hätte nach wenigen Metern zur Folge, dass unsere Schiffe schwer havariert wären und damit in einer noch ungünstigeren Position wären, als sie es ohnehin schon sind. Schweren Herzens entscheiden wir uns, an Ort und Stelle zu überwintern. Das ist umso ärgerlicher, als ein Erkundungsflug mit dem bordeigenen Hubschrauber des Eisbrechers ergeben hat, dass das offene Wasser nur acht Seemeilen entfernt ist. Aber auch eine Seemeile wäre bei der Eislage für uns zu viel. Es geht einfach nicht! Immer noch hege ich insgeheim eine kleine Hoffnung, dass doch noch einmal Ostwind auftreten könnte und das Eis auflockert, aber mit jedem Tag schwindet diese Hoffnung ein wenig mehr.

Am nächsten Morgen übernehmen wir vom Eisbrecher sicherheitshalber zwölf Fässer mit Diesel. Bei einer Überwinterung ist Brennstoff das kostbarste Gut. Mit den immer noch gut gefüll-

Der Coast Guard-Eis-
brecher PIERRE RADISSON
kämpft sich durch das
dichte Eis. 18 000 PS
treiben das Schiff voran.

ten Tanks der DAGMAR AAEN und POLAR BOUND
würde uns dieser Brennstoffvorrat bis zum Frühjahr nächsten Jahres reichen. Unter Deck bespre-
chen wir die Vorgehensweise. Für die Überwinterung würden wir zusätzliche Ausrüstung
benötigen. Ich nehme mit Willi in Cambridge
Bay Kontakt auf und kläre mit ihm die Möglichkeit Ausrüstung einzufliegen. Die Wahrscheinlichkeit, in der Nordwestpassage irgendwo im
Eis hängen zu bleiben, ist uns stets gegenwärtig
gewesen. Insofern gibt es natürlich auch einen
Plan, wie in einem solchen Fall zu verfahren ist.
Die Crew bleibt insgesamt völlig ruhig und über-
legt, keiner, der darauf drängt, jetzt abgelöst zu

werden. Für jeden steht die Sicherheit des Schiffes im Vordergrund. »Die DAGMAR AAEN muss
sicher durch den Winter gebracht werden«, so
lautet die einstimmige Meinung. Auch wenn der
Winter an diesem Ort etwa zehn Monate dauern
wird.

Am 20. September will uns der Eisbrecher verlassen. Er kann nichts mehr für uns tun. Ich
habe wirklich mit vielen Küstenwachen dieser
Erde zu tun gehabt, aber ich glaube kaum, eine
kompetentere und zugleich freundlichere Trup-
pe kennen gelernt zu haben als die der Kanadier.
Keine Missbilligung, mit so kleinen Schiffen in
diesen Gewässern unterwegs zu sein, im Gegenteil. Respektbezeugungen und der Versuch, uns
irgendwie zu helfen. Wir haben unsere Reise von
Anfang an rechtzeitig bei der Coast Guard und
bei den zuständigen Behörden angemeldet und
um Genehmigung nachgesucht. Die hat man uns

erteilt, damit genießen wir die gleichen Rechte und Pflichten wie jedes andere Schiff auch. Den Diesel, den wir gebunkert haben, müssen wir bezahlen, das Erscheinen des Eisbrechers ist dagegen kostenfrei – so wie dieser Service auch für die BREMEN oder andere Schiffe kostenlos ist. Mit der Schiffsgröße oder der Art des Schiffes hat das nichts zu tun. Es ist vielmehr eine grundsätzliche Entscheidung der kanadischen Regierung, die den Eisbrecherservice in der Nordwestpassage als eine hoheitliche Aufgabe betrachtet. »It's an icebreaker, right? So let's break some ice, that's what they are made for«, bekommen wir zu hören. Aber in diesem Fall nutzt uns die großzügige Bereitschaft wenig – das Eis ist einfach zu massiv.

Die Zeichen stehen auf einen langen, harten und denkbar einsamen Winter, gefangen inmitten der Nordwestpassage.

Um für die Überwinterung gewappnet zu sein, übernehmen wir von der PIERRE RADISSON Fässer mit Diesel. Brennstoff für die Öfen und die Generatoren sind das Wichtigste für eine Überwinterung in der Arktis.

Im Verlauf des Winters erreicht das Eis um die DAGMAR AAEN herum eine Stärke von 230 Zentimetern. Obwohl es draußen bitterkalt ist, bleibt die Temperatur unter Deck immer im so genannten »Komfortbereich« (Doppelseite 152/153).

Die Tage werden immer kürzer und das Eis scheint sich für den Winter zu konsolidieren. Unsere Chancen, noch vor dem Wintereinbruch einen sicheren Hafen zu finden, schwinden mit jedem Tag (Doppelseite 154/155).

Ausbruch und Winter

Die Konsequenzen des eigenen Handelns

Am Abend ist es soweit, die PIERRE RADISSON will uns verlassen. Wir haben uns bereits bei Serge Brulé und der Mannschaft bedankt und verabschiedet und sitzen unter Deck, um gemeinsam die Überwinterung zu planen, als nochmals über UKW ein Anruf von der Brücke des Eisbrechers kommt. Der Kapitän bittet mich, noch mal zu ihm an Bord zu kommen. Gespannt, was es noch Wichtiges geben könnte, klettere ich über die Bordwand der DAGMAR AAEN und gehe über den von Dieselfässern und unzähligen Fußspuren mittlerweile ausgewalzten und ausgetretenen Trampelpfad zur PIERRE RADISSON hinüber. Auf der Brücke treffe ich auf einen Serge Brulé, der wie gebannt in die Ferne blickt und dabei die neueste Wettervorhersage in den Händen schwenkt. »It's moving!«, ruft er mir mit einer solch spürbaren Begeisterung entgegen, als ob es sein eigenes Schiff wäre, das dort unten im Eis eingeschlossen liegt. Und tatsächlich. Den Tag über war es nahezu windstill, dadurch hat sich der Druck im Eis offenbar abgebaut. Am

Horizont zeigen sich Rinnen und offene Wasserflächen. Viel entscheidender ist aber die Wetterprognose: Ostwind ist angesagt, nicht stark, nicht für lange, aber die Nacht über soll es ein wenig auffrischen, bevor der Wind dann wieder auf Nordost dreht. Sollte das, was ich kaum noch zu hoffen gewagt hatte, nun doch eintreffen?

Mit einem Mal geht alles sehr schnell. Das Eis beginnt zu treiben. Wie oft habe ich es schon erlebt, dass das Eis ohne ersichtlichen Grund wie von Geisterhand geführt in Bewegung geriet, zu einem Zeitpunkt, an dem keiner mehr damit gerechnet hat. Genau das passiert in diesem Moment! Serge Brulé und ich blicken von der Brücke auf das faszinierende Schauspiel. Überall bilden sich schwarze Löcher im Eis – Wasser, das sich kontinuierlich ausbreitet. David, der etwas östlicher von uns im Eis liegt, meldet sich aufgeregt über UKW, er bekommt den Wind als Erster zu spüren. Plötzlich muss ich mich sputen. Bevor das Eis weiter aufbricht, eile ich zurück zur DAGMAR AAEN. Die PIERRE RADISSON nimmt Fahrt auf und schiebt sich langsam an die POLAR BOUND heran, die nach wie vor mit Schlagseite auf einer Eisscholle liegt. Um Davids Schiff herum ist bereits offenes Wasser. Wenig später schwimmt die POLAR BOUND auf und wird vom Eisbrecher

Eingefroren liegt die DAGMAR AAEN nördlich der Tasmania Islands fest. Tillmann verschafft sich Bewegung, indem er über das Eis joggt.

in einen eisfreien Küstenstreifen eskortiert. Derweil hat auch bei uns der Wind aufgefrischt, und zwischen den Eisschollen werden die einzelnen Rinnen mit offenem Wasser immer breiter. Die Hauptmaschine läuft, wir rammen das uns immer noch umgebende Eis und drücken einzelne Schollen beiseite. Langsam wird unser Bewegungsraum größer. Als der Eisbrecher die letzte Scholle, die uns im Weg liegt, bei völliger Dunkelheit zerbricht, ist der Weg offen für uns. Während die Pierre Radisson vorausfährt, um uns zur Polar Bound zu führen, fahren wir mit acht Knoten durch das lockere Eis. Es ist ein Wettlauf mit der Zeit, dem Wind und dem Eis, wie wir es kaum jemals erlebt haben. Die Schlä-

ge und Erschütterungen, die der Rumpf auffangen muss, wenn wir den Eisschollen nicht ausweichen können und sie frontal treffen, sind in der hintersten Ecke zu spüren. Das Schiff muss es aushalten, dafür haben wir es entsprechend umgebaut und verstärkt. Wir haben keine Zeit zu verlieren, dies ist unwiederbringlich unsere letzte Chance, noch in diesem Jahr aus dem Eis zu kommen. Um 21 Uhr sind wir wieder mit der Polar Bound vereint im offenen Wasser und nähern uns mit langsamer Fahrt den Tasmania Islands.

Der Wind hat derweil kräftig zugelegt und das Eis weiter nach Westen gedrängt. Wo eben noch alles voller Eis war, liegt jetzt schwarzes, kaltes Was-

ser vor uns, sogar Seegang baut sich bei der kräftigen Brise auf. Nach Norden hin bleibt das Eis jedoch weiterhin geschlossen. In diesem Jahr ist an eine Durchfahrung der Nordwestpassage nicht mehr zu denken. Das Beispiel der Vagabond II und der Norwegian Blue hat gezeigt, wie eng bemessen bisweilen das Zeitfenster für eine Passage ist. Der Eisbrecher hat sich derweil für die Nacht ins dichte Eis gelegt, am nächsten Morgen will er uns endgültig verlassen. Bei Tagesanbruch geleitet er uns noch im offenen Wasser um die Tasmania Islands herum und übermittelt uns die neueste Eisprognose für die Victoria Strait: Es gibt offenes Wasser bis Cambridge Bay. Das ist ungewöhnlich, denn gerade die Victoria Strait – wie das Beispiel von John Franklin zeigt – ist meistens mit schwerem Eis versperrt. Ich entschließe mich, anstatt in Gjoa Haven in Cambridge Bay zu überwintern. Während die Pierre Radisson wieder Kurs nach Norden, aufs Eis und nach Resolute Bay nimmt, wo ein Crewwechsel stattfinden soll, fahren wir Richtung Victoria Strait.

Meines Wissens ist noch nie ein so kleines Schiff durch diese berüchtigte Straße gefahren. Es mag

Cambridge Bay im Winter. Es ist eisig kalt. Wenn der Wind weht, kommt der so genannte Chill Faktor, der Auskühlungseffekt des Windes, hinzu.

Auch bei 50 °Celsius unter dem Gefrierpunkt bietet die DAGMAR AAEN Schutz, Wärme und Behaglichkeit.

Doug (links) und Brent während eines Ausfluges bei – 40 °C.

eine kleine Entschädigung dafür sein, dass wir in diesem Jahr nicht durch die Passage gelangt sind. Am 23. September taucht wieder einmal die mittlerweile vertraute Silhouctte von Cambridge Bay auf. Drei Wochen sind vergangen, seit wir von hier ausgelaufen sind. Uns kommen sie wie eine Ewigkeit vor. Die Bucht von Cambridge Bay ist geradezu ideal zum Überwintern. Die DAGMAR AAEN hat schon mehrfach den Winter im Eis verbracht, insofern ist der Vorgang als solcher eine bekannte Größe für uns. In dieser Bucht gibt es keine Eispressungen, die Siedlung hat einen Flughafen und alle Versorgungsmöglichkeiten, die man sich an so vorgeschobener Position wünschen kann. Bekannte Gesichter empfangen uns, nehmen die Leinen an. Über Funk haben sie von unserer Rückkehr erfahren. Erleichterung nicht nur bei uns, sondern auch bei ihnen, dass wir hier gemeinsam den Winter verbringen werden und nicht an derart exponierter Stelle wie am

Cape Hobson. Der Rest ist für uns schon fast Routine. Das Schiff wird winterfest gemacht, die Antennen werden abgebaut, die Niedergänge isoliert, ein Stromanschluss von Land gelegt, die Öfen gereinigt und überprüft, und das Schiff richtig positioniert. Schlauchboot, Außenborder, Rettungsmittel sowie die Segel und das laufende Gut dürfen wir in einem Schuppen deponieren, der Willi gehört. Am 24. September schreibe ich ins Logbuch: »Schiff winterfest gemacht. Auf der Reise von Sitka bis Cambridge Bay wurden insgesamt 126 Reisetagen 6433 Seemeilen zurückgelegt. Als erste Wintercrew bleiben Martin, Torsten und Tillmann an Bord. Alle anderen fliegen am 30. September zurück nach Deutschland.«

Während David seine POLAR BOUND winterfest macht, mit zwei großen Planierraupen einfach aufs Land zieht und schließlich sich selbst überlässt, lassen wir die DAGMAR AAEN einfrieren. Das Schiff verliert im meterdicken Eis seine Mobilität und wird zu einer warmen und behaglichen Winterbehausung – wenig anders als eine entsprechende Hütte an Land. Die ersten Häuser liegen nur wenige Schritte vom Schiff entfernt, das Haus von Doug befindet sich sogar in Sichtweite. Wir melden uns bei der Polizei, der Post und der Bank an, sprechen mit dem Bürgermeister, der uns willkommen heißt, und dürfen in der Public Library den Internetanschluss nutzen. Wir werden quasi eingebürgert. Dadurch verliert der polare Winter einen großen Teil seiner Einsamkeit, seiner Ausgesetztheit, und wenn man will – auch seiner Schrecken. Der Dieselvorrat langt leicht bis zum nächsten Frühjahr,

Ein Eispalast – die alte Kirche von Cambridge Bay auf der anderen Seite der Bucht.

Nahrungsmittel gibt es in den beiden Geschäften, und sollte dennoch irgendetwas passieren – hilfsbereitere Menschen als unsere »Mitbürger« kann man sich nicht wünschen.

Heimlich beobachtet man uns, registriert, wie wir klarkommen, ist jederzeit bereit, einzugreifen und zu helfen, wenn Not am Mann ist. Gleichzeitig wahrt man aber auch eine höfliche Distanz, um nicht aufdringlich zu wirken.

Der nächste Überwinterer ist Rainer Herzberg. Rainer ist Segler und Pilot, war jahrelang beim Hessischen Rundfunk tätig und ist unlängst in Pension gegangen. Er hatte sich vor einiger Zeit bei mir als potenzieller Überwinterer beworben. Ich hatte zwar nicht damit gerechnet, so bald auf sein Angebot zurückkommen zu müssen – jetzt aber bin ich froh, einen verlässlichen Mann wie ihn zu haben. Sein Entschluss ist schnell gefasst, alle Details werden durchgesprochen, und ehe er sich versieht, steht er in dicker Polarkleidung mit Kisten voller Ausrüstung und Büchern im Schnee von Cambridge Bay. Seine erste Begegnung mit der polaren Landschaft, seine Kämpfe mit dem Ofen im Vorschiff, seine Berichte über eiskalte Ausflüge in die Umgebung hat er in sehr eindringlicher und humorvoller Art wöchentlich ins Internet gestellt.

Mit einer kurzen Unterbrechung bleibt Rainer bis Ende Februar 2004 an Bord, dann übernehme ich von ihm. Ich finde das Schiff in tadelloser Verfassung vor. Den Kampf mit dem Dieselofen im Vorschiff hat Rainer schließlich als verloren erklärt, aber er hat Spuren hinterlassen – sowohl bei Rainers Ego wie auch an den Schotten. Alles ist von Ruß geschwärzt, und vor allen Dingen liegt die Temperatur bei stattlichen –30 ˚C. Diese

Die Märzsonne wärmt noch nicht spürbar, aber sie bringt das Licht und damit das Leben zurück (ganz oben).

Am Mast des Schiffes haben wir ein Thermometer angebracht. It's cold outside!

Dieselöfen führen ein sehr eigensinniges Eigenleben. Da ich nun schon seit 15 Jahren mit den Befindlichkeiten dieser Wärmespender vertraut bin und ganze Generationen von ihnen überlebt habe, gibt der Übeltäter nach einigen Stunden Arbeit seine Widerstände auf und brennt seitdem

ununterbrochen. Hier ist weniger technischer Sachverstand gefragt als vielmehr »Ofendiplomatie«! Während meines Aufenthaltes herrschen Temperaturen von –48 °C. Unter Berücksichtigung des Windes (Chill Faktor) liegt die Temperatur bei –60 °C und bisweilen sogar darunter. Trotzdem lässt es sich an Bord gut aushalten. Die dicken Eichenplanken der DAGMAR AAEN isolieren so gut, dass es unter Deck dank der Öfen immer ausreichend warm ist. An Bord vereinbare ich mit Brent und Doug, dass sie beide auf der bevorstehenden zweiten Etappe mitfahren. Beide können es zeitlich einrichten, und so hat die erzwungene Überwinterung auch Vorteile. Sie sind jetzt ständig an Bord, haben sich mit den Öfen, den Tagestanks und den technischen Einrichtungen an Bord bestens vertraut gemacht. Helmut Radebold, seines Zeichens Schiffbauingenieur und passionierter Segler sowie langjähriger Freund, übernimmt die letzte »Winterwache«. Auch für Helmut ist es der erste Kontakt

mit der polaren Landschaft, aber der sprichwörtliche Arktisbazillus hat ihn ebenso ergriffen wie alle anderen von uns. Bei den vorangegangenen Überwinterungen der DAGMAR AAEN, die einsamer und in ausgesetzterer Lage stattfanden, waren immer drei Crewmitglieder zugleich an Bord – das gebot einfach die Sicherheit. Für eine Person allein wäre es auf Dauer viel zu gefährlich gewesen. Nur wegen der unmittelbaren Nähe zum Dorf und der Verbindung zu den Menschen können wir es uns leisten, lediglich eine Person als Bordwache zurückzulassen. Es ist eine »gewichtige« Erfahrung für einen Menschen, der zuvor noch niemals Kontakt zur Arktis hatte. Die Eindrücke währen meist ein Leben lang, Helmut wie auch Rainer planen jedenfalls unabhängig voneinander eine Fortsetzung ihrer polaren Aktivitäten.

Im Juni ist der Winter endlich gebrochen. Als ich am 1. Juli 2004 zusammen mit Folker Schultheiss sozusagen als Vorhut wieder an Bord kom-

me, liegt das Schiff zwar noch fest im Eis, aber um den Rumpf herum kräuselt sich das Schmelzwasser auf der gefrorenen Masse. Drei Tage später geht plötzlich ein Ruck durch den Rumpf, als die DAGMAR AAEN das brüchige Eis durchbricht, sich aus einer Schräglage von etwa 4° befreit und wieder aufschwimmt. Es ist wie ein Befreiungsschlag, so als ob das Schiff einem sagen will: »Es kann weitergehen!« Wir spüren den arktischen Sommer, auch wenn die Bucht noch von dickem Eis bedeckt liegt, sodass sogar noch Motorschlitten darauf fahren. Auf 2,30 Meter Dicke ist die Eisdecke während des starken Winters angewachsen, das muss erst einmal auftauen. Jetzt wird das Eis von aber oben durch die Sonne und von unten durch das sich langsam erwärmende Wasser mit erstaunlicher Geschwindigkeit aufgezehrt. Für mich gleicht dieser Vorgang jedes Mal einem Wunder. Für unsere Begriffe ist es immer noch kalt. Die Erwärmung des Wassers in der Bucht, die besonders durch die Flüsse und

Mir wird es immer ein Rätsel bleiben, wie sich die Moschusochsen den Winter über von der kargen Vegetation ernähren können. Aber sie kommen gut damit zurecht, es gibt eine stattliche Zahl von ihnen.

Bäche verursacht wird, ist wirklich nur minimal. Aber das reicht offenbar aus. Der Natur bleibt nicht viel Zeit, um sich zu reproduzieren. Wir haben Juli, und noch liegt überall das Eis. In nur acht Wochen werden die Vögel bereits wieder nach Süden ziehen und die Blumen und Pflanzen vom Frost verdorrt sein. Diesen Zeitdruck merkt man der Natur an. Es muss einfach alles schnell gehen, und irgendwie funktioniert es.

Nach und nach trifft die Crew wieder ein, und mit ihr auch Gunther Scholz und Ralf Gemmecke, die im Auftrag des Südwestrundfunks und Arte einen Film drehen sollen. Gunther hatte vor einigen Jahren für den SWR ein Porträt

Eiskalte Fische – Arctic Char – stecken im Schnee an Deck des Schiffes. Bei den tiefen Temperaturen sind sie steinhart gefroren und Nahrung für alle drei Überwinterer.

über mich in der Reihe »Abenteurer« in Zusammenarbeit mit Cinecentrum, einer Hamburger Produktionsgesellschaft, gedreht. In diesem Zusammenhang habe ich ihn nicht nur als einen mit zahlreichen Auszeichnungen versehen leidenschaftlichen Regisseur und Autor kennen und schätzen gelernt, sondern bin ihm auch auf einer gemeinsamen Drehreise nach Grönland zudem persönlich nahe gekommen, woraus sich ein sehr freundschaftliches Verhältnis entwickelt hat. Gemeinsam hatten wir dem Producer von Cinecentrum, Dr. Thomas Schuhbauer, den Vorschlag unterbreitet, einen Dokumentarfilm über die Nordwestpassage zu drehen. Thomas Schuhbauer war von der Idee begeistert und fand in der Redakteurin Ulrike Becker vom SWR eine ebenso engagierte Mitstreiterin für das Projekt. Ulrike

Becker ist beim SWR die zuständige Redakteurin für die Sendereihe »Länder – Menschen – Abenteuer« – ein Sendeplatz, der für diese Thematik geradezu wie geschaffen ist.

Einen Film über die Nordwestpassage – zudem noch im Rahmen einer Expedition – zu drehen, stellt für alle Beteiligten eine faszinierende Herausforderung dar, ist aber zugleich mit großen Unwägbarkeiten verbunden. Die logistischen Probleme und die damit verbundenen enormen Kosten lassen solche Projekte häufig schon in der Planungsphase scheitern. Wo und wann kann ein Kamerateam zum Expeditionsteam stoßen? Wird es in diesem Jahr überhaupt gelingen, das Schiff durch die Passage zu segeln? Welche Drehorte können angesteuert werden? Ein Kamerateam muss an Bord unter den gleichen Bedingungen leben wie die Crew. Das kann wahrhaftig nicht jeder. Von Ralf Gemmecke wusste ich, dass er gewohnt ist, unter extremen Bedingungen zu arbeiten. Er hat uns vor einigen Jahren auf der Dagmar Aaen im Rahmen der Shackleton-Expedition für das ZDF in die Antarktis begleitet. Er kennt das Schiff, die Enge, das polare Klima – zweifellos ist er der richtige Mann. Aus Zeit- und Kostengründen wird er jedoch nicht monatelang an Bord bleiben können, und das Gleiche gilt für Gunther. Der Film kann nur dann gelingen, wenn wir selbst drehen werden. Torsten Heller, der schon seit vielen Jahren zum Kernteam der DAGMAR AAEN zählt, ist nicht nur ein ausgezeichneter Fotograf, im Laufe der Jahre hat er sich auch beim »über die Schulter blicken« und letzlich durch die Schule von Ralf selbst zu einem passablen Kameramann gemausert. Er würde die Brücke schlagen müssen zwischen der An- und Abwesenheit des Teams und damit auch eine große Verantwortung für das Gelingen des Filmprojektes tragen. Gunthers einfühlsame Regieanweisungen und sein kameradschaftliches Verhalten hat uns die Kamera nie als Fremdkörper empfinden lassen. Sie ist einfach immer dabei und gehört – wie Gunther und Ralf selbst – einfach zur Crew. Es gibt diese Trennung zwischen Crew und Team nicht, und das ist letzlich der Garant dafür, dass wir nicht etwa den Versuch unternehmen zu schauspielern – was unbedingt misslingen müsste.

Der späte Eisaufbruch wirbelt Gunthers Zeitplan total durcheinander. Irgendwann ist alles abgedreht, was es in und um Cambridge Bay zu filmen gibt. Erkundungsflüge mit Willi ergeben, dass sich das Eis erheblich langsamer als gewöhnlich aufzulösen beginnt. Die Spannung wächst bei allen Beteiligten: Bei Thomas Schuhbauer im Cinecentrum genauso wie bei Ulrike Becker in der Redaktion in Baden-Baden und natürlich bei uns an Bord. Der Focus aller Beteiligten konzentriert sich plötzlich und nachhaltig

auf die aktuellen Eis- und Wetterprognosen. Täglich werden in Bad Bramstedt, Hamburg und Baden-Baden übers Internet die entsprechenden Informationen abgerufen. Die ungeschminkte Wahrheit lässt keinen Raum für Träumereien: Auch dieser polare Sommer wird wieder kürzer und kälter ausfallen als das Mittel. Analog dazu werden auch die Eisverhältnisse äußerst schwierig werden. Ich gebe mich gar keinen Illusionen hin: Die Chance, in diesem Jahr durch die Passage zu kommen, ist um keinen Deut besser als im zurückliegenden Jahr – eher noch schlechter, weil das Eis im vergangenen Jahr nicht geschmolzen, sondern während des zurückliegenden Winters noch fester und dicker geworden ist. Schon kommen Meldungen aus Gjoa Haven und Taloyoak, dass der Eisaufbruch weiterhin auf sich warten lässt. Die Inuit sprechen enttäuscht von einem schlechten Sommer – sie können es wohl von allen Beteiligten am besten einschätzen. Aber vielleicht bekommen wir ja einen besonders warmen August – wir klammern uns an jeden Strohhalm. Ändern können wir weder das Wetter noch unsere Situation. Verzagen hilft nicht weiter. Das Schiff liegt mitten in der berüchtigten Nordwestpassage. Wir müssen weiter – komme, was da wolle! »Let's go for it«, höre ich Brent mit entschlossener Miene sagen. Dem ist nichts hinzuzufügen!

Das Ende eines langen und harten Winters ist in Sicht. Anfang Juli bricht die DAGMAR AAEN durchs das mürbe Eis und schwimmt wieder auf (Doppelseite 168/169).

Bathurst Inlet

Ein Naturparadies am Scheideweg

Erst am 12. August hat sich die Eislage soweit gebessert, dass wir eine erste Fahrt zum Festland unternehmen können. Selbst zu diesem Zeitpunkt ist der Weg nach Gjoa Haven noch vom Eis blockiert, lediglich nach Westen hin hat sich das Eis zurückgezogen. Zwei Yachten, die kanadische MINKE und die australische FINE TOLERANCE, haben die Gunst der Stunde genutzt und zwischenzeitlich an der kleinen Stadtpier von Cambridge Bay vor der DAGMAR AAEN festgemacht. Während die MINKE in Inuvik überwintert hat, kommt die FINE TOLERANCE von der Beringstraße. Phil und Liz – das ist die gesamte Crew – haben auf ihrer Fahrt hierher kaum eine Eisscholle angetroffen. »Die Verhältnisse sind günstig«, sagen sie. Für die hinter ihnen liegende Wegstrecke mag das zutreffen, bei der vor uns liegenden werden sie sicher zu einem anderen Ergebnis kommen. Bei uns verstärkt sich der Eindruck, dass sich das polare Eis im westlichen Bereich der Nordwestpassage in einem viel größeren Umfang zurückzieht, als das in der kanadischen Arktis der Fall ist. Hier bleibt es weiterhin kalt, die Eislage ist denkbar ungünstig. Global Warming findet nicht gleichmäßig verteilt über den gesamten arktischen Raum statt, sondern es gibt gravierende regionale Unterschiede. Phil und Liz sind zum ersten Mal in der Arktis. Ihre Yacht mag eine gute Fahrtenyacht sein, sie ist aber in keiner Weise für arktische Gewässer ausgerüstet, und auch sie selbst räumen freimütig ein, keinerlei Erfahrung im Umgang mit dem Eis zu haben. »Aber wenn es so weiterläuft wie bisher, dürfte die Passage ja eigentlich kein Problem sein.« Es wird aber nicht so weiterlaufen! »Wie ist denn das so mit dem Eis?«, wollen sie von mir und von David wissen, der zwischenzeitlich seine POLAR BOUND ebenfalls wieder seeklar gemacht hat. David versucht ihnen zu erklären, was sie weiter östlich von hier erwartet. So richtig zu glauben scheinen sie es ihm nicht.

Ähnlich unbedarft präsentiert sich die Crew der MINKE. Der Skipper macht einen mürrischen, um nicht zu sagen unfreundlichen Eindruck. Seine Crew hingegen ist jung und steckt voller Begeisterung für das bevorstehende Abenteuer und plant sogar schon ausgelassen die Abschluss-

Die kleine Siedlung Bathurst Inlet. Mit der Beschaulichkeit könnte es bald ein Ende haben, wenn in der Nachbarschaft ein Tiefwasserhafen gebaut werden wird.

Auf Holzgestellen hängt der Arctic Char in der Sonne zum Trocknen. Auf diese Weise bleibt er lange haltbar.

Die Hütte von Doug, in der er viele Jahre lang gewohnt hat. Beim Betreten findet er alles so vor, wie er es vor Jahren verlassen hat.

party der Durchfahrung in Pond Inlet – über Erfahrung im Eis verfügt keiner von ihnen. Auch die MINKE ist nicht für die Eisfahrt vorbereitet. Als Kommunikationseinrichtung verfügt sie lediglich über ein UKW-Funkgerät – damit kommt man in diesen einsamen Regionen nicht weit. Das Radar ist defekt, bleiben noch ein GPS-Empfänger und ein Echolot – »mehr brauchen wir nicht«, sagen sie. Wir können uns nur wundern, einige unserer Freunde in Cambridge Bay tun dasselbe. Phil und Liz sind wenigstens aufgeschlossen und freundlich und machen aus ihrer Unerfahrenheit in diesen Breiten keinen Hehl. Sie nehmen jede Anregung dankbar auf und versuchen, sich so gut es eben geht auf die Weiterfahrt vorzubereiten. Darüber hinaus sind sie unkompliziert und fröhlich. Die junge Crew der MINKE ist ebenfalls gut gelaunt, was man von ihrem eher mürrischen und abweisenden Skipper nicht sagen kann. Als Gunther ihn höflich fragt, ob er ihm vor laufender Kamera ein paar Fragen stellen darf, wird er unfreundlich abgefertigt. Nachdem ich den Skipper zweimal freundlich gegrüßt habe und in beiden Fällen lediglich einen abweisenden Blick geerntet habe, gebe auch ich es auf. Das ist höchst ungewöhnlich für diese Breiten, in denen sich die Menschen durch eine besondere Freundlichkeit und Hilfsbereitschaft auszeichnen.

Zusammen mit Brent und Doug hatte ich während des Winters den Plan geschmiedet, eine Reise mit der DAGMAR AAEN in das so genannte Bathurst Inlet zu unternehmen. Solange uns der Weg nach Osten weiter durch das Eis versperrt ist, können wir die Zeit anderweitig sinnvoll nutzen. Das Bathurst Inlet mit der kleinen Siedlung

Umingmaktok ist ein lang gestrecktes Fjord-system, das sich in Nord-Südrichtung ins Festland erstreckt. Doug hat, bevor er nach Cambridge Bay umsiedelte, eine Reihe von Jahren dort gelebt. Er besitzt dort sogar noch zwei Häuser, die er seit vielen Jahren nicht mehr aufgesucht hat. Natürlich brennt er darauf, sein altes Dorf wieder einmal zu besuchen.

Da sich das Festland schneller erwärmt als die arktischen Inseln, gibt es hier eine üppigere Vegetation als weiter im Norden. Auch die Landschaft sieht anders aus. Sie ist hügeliger und abwechslungsreicher und nicht so karg wie die nur unwesentlich nördlicher liegenden Inseln. Kurzum, wir sind alle gespannt und nutzen diese Fahrt gleichzeitig als Trainingsreise für die neuen Crewmitglieder. Es werden Mann-über-Bord-Manöver gefahren, Feuerschutzübungen abgehalten, Segelmanöver geprobt und die Bordroutine gelebt. John, ein Anwalt aus Cambridge Bay und einer der neu hinzugewonnenen Freunde, fährt auf dieser Etappe als Koch mit. Beladen mit Gemüse und Fleisch kommt er an Bord und beginnt sofort mit den Vorbereitungen. Es duftet verführerisch aus der Pantry, das Schiff wiegt sich leicht in der Dünung, und ich bin froh, endlich wieder in Fahrt zu kommen. Es tut mir einfach gut, das Schiff in Bewegung zu erleben.

Am späten Nachmittag des 13. August ankern wir in der kleinen Bucht vor der Siedlung Umingmaktok. Es ist sonnig und warm, viel milder als wir es in Cambridge Bay hatten. Die Luft ist voller summender, blutrünstiger Moskitos, die hier zu einer echten Plage werden können. An Land führt uns Doug zu einem Haus, vor dem eine alte Frau steht. Mary dürfte vermutlich in ihren Acht-

Der erste Törn nach Bathurst Inlet lässt Schiff und Mannschaft wieder richtig zusammenwachsen. Für die neuen Crewmitglieder gibt es viel zu lernen.

zigern angelangt sein. Dennoch macht sie einen sehr wendigen und beweglichen Eindruck. Wir werden ins Haus geführt, wo eine weitere alte Inuit auf einem Bettgestell sitzt. Doug säbelt sich mit einem Messer ein Stück von einer getrockneten Karibulende, legt das Fleisch auf einen Stein und schlägt mit der flachen Seite der Axt einige Male darauf, um das Fleisch mürbe zu machen. Dann beginnt er in aller Seelenruhe zu essen. Die beiden Frauen schauen ihm vergnügt zu, sie unterhalten sich mit Doug, den sie von früher noch gut kennen, auf Inuktituk. Währenddessen bekommen wir Tee serviert und hören der für unsere Ohren eigentümlich klingenden Sprache zu. Die Männer sind unterwegs zu Jagd, erfährt

In der Bucht von Baychimo, die von den Bewohnern Umingmaktok genannt wird, geht die DAGMAR AAEN vor Anker.

Noch ist das Wetter sommerlich warm und mild. Wenige Stunden später erleben wir einen schweren Sturm.

Doug. Zurzeit sind lediglich die alten Frauen und einige Kinder im Dorf. Wie lange wohl wird sich so ein Dorf noch halten können, geht es mir durch den Kopf? Änderungen stehen bevor, ob sie zum Guten für diese Menschen sind, darf zumindest bezweifelt werden. Ein geplantes Großprojekt in genau dieser Region hat derzeit unter der Bevölkerung Nunavuts zu heftigen Diskussionen geführt. Es gibt konkrete Pläne, im Innersten des Fjordes einen Tiefwasserhafen mit allem Drum und Dran für 50 000-Tonnen-Tanker zu bauen. Die Schiffe sollen von Osten – was bedeutet, dass sie regelmäßig durch den schwierigsten Teil der Nordwestpassage fahren müssen – den Umschlagplatz im Inneren des Bathurst Inlets anlaufen. Die Kosten des Projekts sind sogar schon genau beziffert: 164 Millionen CAN $ (Canadian Geographic, March/April 2004) hat

man für den Bau veranschlagt. Aber damit nicht genug: Es sind natürlich Hafenanlagen erforderlich, zudem auch eine 180 Millionen Liter fassende Öltankanlage, ferner ein 150 Personen umfassendes Camp mit Flughafen, Reparaturwerkstätten für LKWs und schweres Gerät. Und damit sich diese Fahrzeuge auch bewegen können, wird zeitgleich eine 211 Kilometer lange Allwetterstraße gebaut sowie zusätzlich ein Umschlagplatz für Frachtbargen, mit denen die schwerer zugänglichen Küstengewässer erreicht werden können. Die Idee, die dahinter steht, ist simpel: Das Tanklager im Bathurst Inlet soll als Depot und Verteilerbasis für die Kommunen wie auch – und das ist wohl das Entscheidende – für die Bergwerke dienen. Die Pläne sind offenbar bereits weit vorangeschritten. Ich bin jedenfalls überrascht, wie viele aktuelle Tiefenangaben es in der neusten Seekarte gibt. Insbesondere die Tiefwasserrouten für die Tanker sind hier ausgewiesen. Da hat jemand schon viel Geld und Vorarbeit investiert. Die Probleme, die für die Umwelt damit einhergehen, sind dieselben wie in Alaska. Was passiert mit den Karibuherden? Was mit den Tankern, die dann regelmäßig den schwierigen, zentralen Teil der kanadischen Arktis befahren werden? Entsprechend gespalten ist die Bevölkerung. Die Befürworter des Projektes argumentieren mit dem wirtschaftlichen Aufschwung, den die neue Provinz Nunavut tatsächlich dringend benötigt. Aber ist das der richtige Weg? Wirtschaftlicher Aufschwung muss auch hier als durchschlagendes Argument herhalten zu jedem Preis. Eine unverhältnismäßig hohe Arbeitslosigkeit unter der Inuitbevölkerung, eine zunehmende Perspektivlosigkeit von jungen, studierten und gut ausgebildeten Inuit, die nach Schule, Universität und ersten Jobs aus dem Süden wieder zurück in ihre Heimat drängen, dort aber keine Beschäftigung finden, sind ungelöste Probleme, die in Zukunft wachsen werden. Die anderen argumentieren, dass das eigentliche Kapital von Nunavut die Natur selbst sei – ein Argument, das sich nur schwer in Zahlen ausdrücken lässt und in Anbetracht der Öldollars kaum Bestand haben wird. Dass das Land und die Natur untrennbar mit der nationalen Identität der Inuit einhergehen, wischen die Befürworter mit Zahlen und Wirtschaftsvisionen vom Tisch, die keiner so richtig verifizieren kann. Der Einfluss der Bergwerkgesellschaften wird von vielen Inuit kritisch gesehen. »Sie kommen hierher, und wenn sie wieder gehen, hinterlassen sie ihren Müll. Wenn wir ihnen sagen, sie sollen ihn mitnehmen, antworten sie, sie wären pleite. Wir dürfen hinter ihnen aufräumen, und nichts wird mehr so sein wie es war.« Die Parteien stehen sich unversöhnlich gegenüber. Aber der Blick in die Geschichte – und auf die Lotstreifen in meiner brandneuen Seekarte – lassen mich erahnen, wie der Disput ausgehen wird.

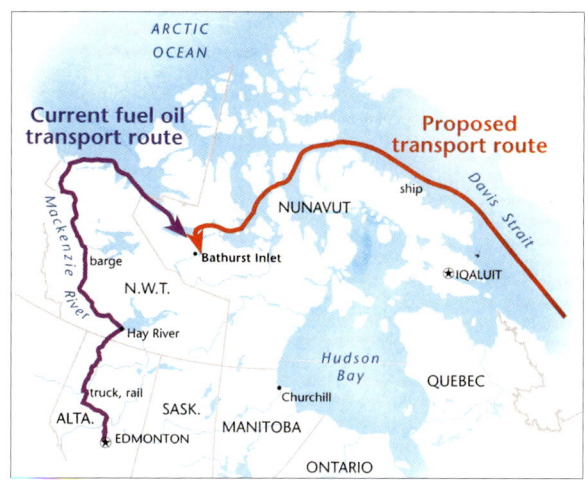

Die geplante Tankerroute zum Tiefwasserhafen in Bathurst Inlet.

Diese Pläne sind sehr konkret und werden derzeit heftig diskutiert.

Für Mary und ihre Freundin wird es vermutlich keine großen Veränderungen mehr bringen – sofern immer alles gut geht. Sie werden den Rest ihres Lebens in der immer kleiner werdenden Gemeinschaft von Umingmaktok verbringen und hin und wieder einen Blick auf einen der vorbeiziehenden 50 000-Tonnen-Öltanker erhaschen. Sie werden sich wundern und sich Gedanken darüber machen; und auch wenn es ihnen nichts bedeutet, sie werden Zeuge eines neuen Zeitalters werden.

Die DAGMAR AAEN breitet ihre Schwingen aus und gleitet über

eine friedliche See (Doppelseite 176/177).

Der zweite Anlauf

Eine Begegnung mit außergewöhnlichen Menschen

Auf Sonne folgt Sturm. Das Barometer kündigt einen rapiden Wetterwechsel an, noch in der Nacht ziehen Wolken auf. Am nächsten Morgen sieht die Landschaft kalt und abweisend aus. Es erstaunt mich immer wieder, wie sehr die arktische Landschaft ihr Antlitz verändern kann. Wir gehen ankerauf und wollen möglichst noch vor Einsetzen des Starkwindes den Fjord hinter uns lassen, aber der Sturm ist schneller als wir. Zwei Stunden später stürmt es mit über 50 Knoten – entsprechend Windstärke 10 – uns genau entgegen. In dem Fjord baut sich ein steiler vorlicher Seegang auf. Das Schiff stampft sich in der steilen Welle immer wieder fest, der Klüverbaum taucht in die Wellen ein, wir kommen nicht gegenan. Ich wende, laufe ab und verkrieche mich in einer Bucht, um auf eine Wetterbesserung zu warten. Zwei Tage stürmt es ununterbrochen, über Funk hören wir von Jägern, die mit ihren kleinen, offenen Booten unterwegs

sind und sich an Land gerettet haben, um in provisorischen Unterkünften auf das Ende des Sturmes zu warten. Von unserem Ankerplatz aus sehen wir, wie die Gischt über die schützende Landzunge fliegt und sich die hohen Seen an den vorgelagerten Klippen donnernd brechen, um alsdann in Kaskaden die nass glänzenden Felswände hinabzulaufen. Wir erleben einen ausgemachten Sturm mit allem Drum und Dran. Ich bin froh, noch rechtzeitig diesen geschützten Ankerplatz gefunden zu haben.

Erst am 16. August bessert sich das Wetter. Genauso schnell wie der Sturm aufgezogen ist, lässt er nach. Bei grober See stampfen wir unter Maschine nordwärts, erst als wir die Dease Strait erreichen, können wir abfallen und segeln. Auch wenn der Wind nachgelassen hat, es bleibt kalt und windig. Martin entdeckt auf seiner Wache eine flache Insel, die nicht auf der Seekarte verzeichnet ist. Sie hat die Größe einer etwa 40 Meter langen Schäre und ist von Süden her nicht auf dem Radar zu erkennen. Lediglich von Norden her kann man auf dem Radarschirm ein schwaches bis sehr schwaches Radarziel ausmachen. Die Vermessung dieser Region ist bei weitem noch nicht abgeschlossen, wie wir später an anderer Stelle leidvoll feststellen müssen.

Die Verhältnisse sind ungewöhnlich schwierig. Erst als die lang erwarteten Herbststürme hereinbrechen, kommt Bewegung ins Eis. Aber Kälte, Sturm und Eis in Kombination sind für die Deckswache nur schwer zu ertragen.

Am Abend des nächsten Tages beginnen wir die Ansteuerung von Cambridge Bay. Das Wetter hat sich erneut verschlechtert, Schneeschauer fegen über die Bucht, es ist eisig und unfreundlich. Dick vermummt bergen wir die vom Schnee verklebten Segel und sind froh, als wir wieder fest sind und bei einem Grog unter Deck die Eindrücke Revue passieren lassen. Für Doug, Brent und John war diese erste Reise so etwas wie eine Feuertaufe. So hohen Seegang hat bislang keiner von den dreien erlebt. Ich habe sie während der stürmischen Überfahrt beobachtet und dabei eine Art grimmiger Entschlossenheit in ihren Gesichtern gesehen. Sie wollen diese Reise machen, komme was da wolle. Gleichwohl haben sie sich an der erfahrenen Crew orientiert. Etwa wie sich die Leute sichern, sich an Deck bewegen oder mit Ruhe und Bedachtsamkeit Segelmanöver trotz des eisigen und nassen Wetters durchführen – und zwar alles ohne laute Kommandos. Trotz des Wetters herrscht an Deck eine Gelassenheit, die sich auch auf die unerfahrenen Crewmitglieder überträgt. Das stille Beobachten, Reflektieren und Aufgreifen von bewährten Verhaltensmustern kennzeichnet einen guten Neueinsteiger.

Ian Balmer, unser Australier, der ebenfalls neu an Bord ist, bringt hingegen bereits alles mit, was man für das Segeln in den Hohen Breiten benötigt. Er hat selbst eine Yacht, mit der er im kommenden Jahr durch die Nordwestpasssage möchte. Ian ist ein klasse Seemann, hat aber nach eigenem Bekunden keine Erfahrungen im Eis. Deshalb hatte er sich bei mir beworben und angefragt, ob er auf unserer Reise mitfahren könne, um sich entsprechend auf die eigene Fahrt vorzubereiten. Beibringen braucht man ihm derzeit wahrhaftig nichts, er ist ein äußerst engagierter und versierter Segler, der bei jedem Wind und Wetter aufmerksam und gut gelaunt seine Wache versieht. Wie sehr unterscheidet er sich von den Eignern der MINKE und FINE TOLERANCE, die sich ohne jede Erfahrung und ohne das geeignete Schiff auf die Nordwestpassage einlassen. Ian wird am Ende unserer Reise bestens vorbereitet sein und genau wissen, worauf er sich einlässt und was er sich und seinem Boot zutrauen kann.

Die Vorbereitungsfahrt hat dank des stürmischen und kalten Wetters unter realistischen Rahmenbedingungen stattgefunden. Unsere letzten Tage in Cambridge Bay stehen jetzt ganz im Zeichen des endgültigen Starts. Alle Dieseltanks werden randvoll gebunkert. Bevor ich irgendetwas unternehmen kann, kommt der Hinweis, dass Willi erneut die Rechnung übernommen hat – ich bin einfach sprachlos.

Willi und seine Frau Marge haben uns quasi adoptiert. Wie häufig haben wir das immer gleiche Zeremoniell erlebt: Willi kommt morgens mit seinem Truck auf die Pier gefahren und ruft: »Ich muss fliegen, will jemand mit?« – Und ob wir wollen! Auf diese Art und Weise lernen wir Siedlungen kennen, die wir sonst nie erreicht hätten. Gemeinsam mit Gunther, Ralf, Torsten, Brent und Egon hatte ich vor der Fahrt nach Bathurst Inlet noch einen weiten Erkundungsflug unternommen, um zu sehen, wie sich die Eislage entwickelt. Der Flug führte über Taloyoak zur Bellot Strait mit Landung am Prince Regent Inlet und schließlich im Tiefflug über jene einsamen Stellen auf Victoria Island, an denen man die Überreste der Franklin-Expedition gefunden hat.

Er eröffnet uns und unserem Verständnis über die Nordwestpassage eine völlig neue Perspektive. Gelegentlich holt Willi einige von uns ab, um gemeinsam mit den Piloten und Technikern bei ihm zu Hause zu Abend zu essen. Marge – selbst nicht mehr die Jüngste – kocht leidenschaftlich gern und gut. Die Art und Weise, wie alle Mitarbeiter der Adlair-Fluggesellschaft miteinander umgehen und gemeinsam am Tisch sitzen und essen, zeugt schon von einem hohen Maß an Firmenkultur. Eigentlich erübrigt es sich zu sagen, dass das Unternehmen sehr erfolgreich und profitabel arbeitet!

Gunther Scholz mit einem unerwarteten Besucher. Während eines Ausfluges von Cambridge Bay landet dieser Vogel auf seinem Helm, offenbar in Sorge, dass Gunther sich seinem Nest nähern könnte.

Ein letztes Mal ist die DAGMAR AAEN zu einer Baustelle geworden. An Deck werden einige durch die winterliche Austrocknung hervorgerufene Leckagen nachkalfatert, die Wassertanks werden aufgefüllt, Benzin für den Außenborder in Kanistern an Deck gelascht und frisches

Zeitvertreib an Bord: Der eine isst, die anderen spielen. Während Martin damit beginnt, einen Puter zu verspeisen, der gerade eben in unseren Backofen passte, spielen Brent und Uschi Backgammon.

Gemüse eingekauft. Gemeinsam mit Brent gehe ich zum Bürgermeister, um mich für die freundliche Aufnahme zu bedanken, verabschiede mich bei den Postangestellten, der Polizei, von Rudi Philips von First Air, der uns ebenfalls nach Kräften unterstützt hat – erst jetzt wird mir klar, wie eng die freundschaftlichen Verbindungen im Laufe des vergangenen Jahres geworden sind. Wir sind hin- und hergerissen. Einerseits sind wir froh, endlich wieder in Fahrt zu kommen, andererseits traurig, all das, was uns zwischenzeitlich viel bedeutet hat, hinter uns zu lassen. Zu JR (er nennt sich nur bei diesem Kürzel) und Bessie, seiner Frau, die uns immer wieder geholfen haben, sage ich: »It's like leaving home!« Diesen Menschen fehlt jede Form der Oberflächlichkeit. Sie leben diese Freundschaft und sind bereit, nahezu alles zu geben. Und es ist so wenig, was wir ihnen zurückgeben können: Ein Buch über unsere Reise, eine DVD, Lübecker Marzipan, ein T-Shirt von Jack Wolfskin – mehr haben wir einfach nicht. Aber die Geste wird verstanden, darauf kommt es an.

Seit einigen Tagen ankert einer der knallroten Eisbrecher der Coast Guard in der Bucht. Es ist die Sir Wilfried Laurier. Der Kapitän ist ein alter Bekannter, und als er die Dagmar Aaen an der Pier liegen sieht, schickt er ein Zodiak herüber, um uns an Bord einzuladen. Ich staune nicht schlecht, als mich Norman Thomas an der Gangway begrüßt. Wir hatten uns 1993 bei unserer ersten Durchfahrung der Passage in der Simpson Strait getroffen. Norman ankerte mit seinem damaligen Schiff, der Arctic Ivik, im eisfreien Wasser der Simpson Strait und lud uns kurz entschlossen ein, bei ihm längsseits zu gehen. Das hatten wir uns nicht zweimal sagen lassen. Zwei Tage blieben wir zusammen, während derer wir vom Koch nach allen Regeln der Kunst gemästet wurden. Nicht nur Norman ist zur LAURIER gewechselt, sondern auch weitere Crewmitglieder von damals.

Der Ice Observer, ebenfalls ein alter Bekannter, hat für uns bereits einen Stapel mit Ausdrucken der neuesten Eis- und Wetterkarten vorbereitet. Zusätzlich vereinbaren wir eine Funkfrequenz, über die wir die neuesten Information in den nächsten Wochen abrufen können. Es wird ein langer Abend. Das Gefühl, dass die Menschen in dieser kompromisslosen und rauen Landschaft enger zusammenrücken als irgendwo sonst, wird auch an Bord des Eisbrechers deutlich. Ohne es in irgendeiner Form am gegenseitigen Respekt vermissen zu lassen, pflegt man ein sehr persönliches und freundschaftliches Verhältnis. Da gibt es kein gekünsteltes oder aufgesetztes Element. Ob Serge Brulé, Norman Thomas, der Bürgermeister von Cambridge Bay, die Polizei – allesamt Repräsentanten und in offizieller Mission unterwegs, man spürt einfach keinen Dünkel und geht insgesamt freundschaftlich miteinander um. Es bleibt zu hoffen, dass dieses dem Besucher entgegengebrachte Vertrauen nicht missbraucht und ausgenutzt wird. Diese Lebensart gehört zu der Kultur des Landes wie Schnee und Eis zur Nordwestpassage.

Am 20. August, nach rund elf Monaten Aufenthalt in Cambridge Bay, kommt die Stunde des Abschieds. Das Wetter passt zur Stimmung. An der Pier eine Gruppe von Leuten, die gekommen sind, um uns zu verabschieden. Wir sagen allen auf Wiedersehen – und meinen es im Wortsinn.

Die Polarfüchse werden recht zutraulich. Die Farbe ihres Fells ändert sich mit den Jahreszeiten. Im Winter sind sie schneeweiß, im Sommer ist ihr Fell graubraun.

Der bullige JR und seine Frau Bessie haben Tränen in den Augen. Für Brent und Doug wird es eine lange Zeit der Trennung werden. Egon hat unsere Kanone geladen und feuert zum Abschied Salut, die Segel werden gesetzt, einige Boote begleiten uns ein Stück, wir winken und gleiten langsam aus der Bucht hinaus.

Erst als wir draußen sind und sich der Ort am Horizont verloren hat, löst sich die Stimmung. Es geht immer irgendwie weiter. Mit einem Mal blicken alle nach vorn – es geht neuen Erlebnissen entgegen.

Während wir über unsere Chancen durchzukommen diskutieren, kommt jemand auf die Idee, dass jeder von uns einen Tipp abgeben soll-

Abschied von Cambridge Bay. So sehr wir uns auch freuen, dass es endlich weitergeht, so sehr ver- spüren wir doch auch die Wehmut, die neu ge- wonnenen Freunde zu verlassen.

te, wann wir voraussichtlich die geografische Länge von Fort Ross – für uns nahezu ein Garant, die Passage zu schaffen – erreichen würden. Jeder muss zudem fünf Doller in einen Topf geben, der von Torsten verwaltet und dem späteren Gewinner übergeben wird. Die Schätzungen liegen weit auseinander, einige versprühen Zweckoptimismus und sind der Meinung, dass wir schnell durchkommen. Andere, wie Brigitte und Brent, sind eher vorsichtig. Sie tippen auf den 22. bzw. 23 September. Um die Sache zu erschweren, ist jeder gezwungen, zudem die genaue Uhrzeit des Eintreffens anzugeben. Fortan hängt der Wettzettel an der Pinwand im Mittschiff, und jeder bleibt irgendwann am Tag davor stehen und blickt den näher rückenden Terminen entgegen.

Doch noch sind wir am Anfang unserer Reise. Bereits am nächsten Tag treffen wir auf die ersten dichten Eisfelder. Im so genannten Requiste Channel, ein mit Schären und unvollständig kartografierten Inseln und Untiefen durchsetztes Fahrwasser, ist es schwierig, eine Route zu finden. Das Eis liegt dicht, das in der Seekarte ausgewiesene Fahrwasser ist deshalb nicht passierbar. Wir müssen ausweichen und fortan genau loten, da die Seekarte keine Tiefenangaben enthält. Wir versuchen es an verschiedenen Stellen, aber als auch noch Nebel aufzieht, segeln wir zunächst zurück nach Jenny Lind Island, um auf bessere Sichtverhältnisse zu warten. Eis, Untiefen und dichter Nebel sind eine unglückliche Kombination. Es wäre schlechte Seemannschaft, unter diesen Bedingungen und ohne Not zu versuchen, einen Weg durch das Eis zu finden. Wir warten daher ab und unternehmen einen Landausflug zu der verlassenen DEW-Line-Station. Noch stehen die Gebäude, sie sollen aber wie andernorts auch demnächst demontiert werden. An anderer Stelle auf der Insel ist ein neues, vollautomatisches Frühwarnsystem errichtet worden, das den Dienst übernommen hat. Am nächsten Morgen hat sich die Sicht gebessert. Um 14 Uhr erreichen wir wieder die dichten Eisfelder des Vortages, die ihre Position inzwischen jedoch komplett verändert haben. Ich schicke Ian in die Eistonne, der darauf brennt, Erfahrungen in der Eisnavigation zu sammeln. Die in der Seekarte ausgewiesene Route bleibt weiterhin durch 9/10 Eisbedeckung versperrt. Wir tasten uns bei sonnigem Wetter und guter Sicht, aber ohne jede Tiefenangabe durch das Flach-

wassergebiet um Hat Island herum. Weiter abzuwarten macht keinen Sinn, da wir in das Nadelöhr der Simpson Strait einfahren müssen und das Eis bei einem Winddreher diese Einfahrt wie ein Korken verschließen kann. Dann ginge gar nichts mehr. Gleichzeitig stellen wir einen Lotstreifen her, den wir dem Hydrografischen Institut später übermitteln. Um 17 Uhr erreichen wir das Ende des Eisfeldes und können endlich auf Kurs 097° gehen. Die FINE TOLERANCE, die einige Stunden nach uns gestar-

Wir untersuchen das Wrack der MAUD, mit der Amundsen die Nordostpassage durchfahren hatte. Es liegt in einer Bucht vor Cambridge Bay.

Die Crew der DAGMAR
AAEN im Sommer 2004.

tet war, sucht derweil verzweifelt nach einem Durchkommen. Über Funk geben ich Phil unsere Waypoints durch, anhand derer sie durch das Eis gelangen. Die MINKE war bereits vor uns gestartet. Wo sie sich befinden, ist völlig unklar, da sie über kein Funkgerät verfügen und demzufolge auch keine Positionsangabe absetzen können. Als wir sie später wieder treffen, erfahren wir von den mittlerweile etwas ernüchterten Crewmitgliedern, dass sie einige recht heftige

Begegnungen mit dem Eis hatten – was immer das heißen mag. Über Funk halte ich mit Peter in Cambridge Bay sowie mit David auf der POLAR BOUND Kontakt. David war mit seinen Arbeiten noch nicht ganz fertig und wird uns in einigen Tagen folgen. Wir wissen noch von einer weiteren Yacht, der norwegischen JOTUN ARCTIC, die allerdings von Osten kommend im letzten Jahr gescheitert war. Sie haben den Winter auf Grönland verbracht und nähern sich jetzt ebenfalls erneut den Schlüsselstellen.

Die Nacht verbringen wir am Eingang der Simpson Strait in der McClintock Bay vor Anker. Während wir noch vor Anker liegen und frühstücken, passiert uns die Fine Tolerance. Ich spreche kurz mit Phil über UKW, er bedankt sich für die Wegpunkte und gibt einen kurzen Erfahrungsbericht. Es ist das erste Mal, dass er durchs Eis gefahren ist, entsprechend begeistert klingt er, dass jetzt wieder offenes Wasser vor ihm liegt. Nachdem auch wir den Anker gelichtet haben, fahren wir in Sichtweite mit der Fine Tolerance durch das verwinkelte Fahrwasser. Da die Sir Wilfried Laurier unmittelbar vor unserem Eintreffen einige Fahrwassertonnen ausgelegt hat, um den Versorgungsschiffen für Gjoa Haven und Taloyoak die Durchfahrt zu erleichtern, stellt uns die Passage vor keine Schwierigkeiten. Irgendwo hier ist es gewesen, dass Mitte der neunziger Jahre das Kreuzfahrtschiff Hanseatic auf Grund gelaufen ist und alle Passagiere evakuiert werden mussten. Das Schiff wurde schließlich geleichtert und freigeschleppt, aber der Schrecken für alle Beteiligten war groß – mit Ausnahme der Passagiere, die dem Zwischenfall offenbar einen großen Unterhaltungswert beimaßen, sodass die Buchungszahlen für das Folgejahr sogar noch zunahmen. Aber seitdem fährt kein Kreuzfahrer mehr durch die Simpson Strait. Als Alternative wird die Victoria Strait samt Eisbrecher vorgezogen.

Wir setzen das Toppsegel und den Flieger und segeln bei mäßiger Brise an der Südküste von King William Island entlang Richtung Gjoa Haven. Es wirkt für uns irgendwie alles vertraut. Es ist immerhin schon das dritte Mal, dass wir hier vorbeikommen. Das Wetter ist schön und die Temperatur klettert auf 8 °Celsius. Wir genießen die Sonne, die Aussicht, das Segeln. Die Vorzeichen stehen gut, denken und hoffen wir. Zweckoptimismus! Nur zu genau ist uns allen

Der Australier Ian Balmer im Rigg der Dagmar Aaen. Ian ist ein erfahrener Segler und möchte in den kommenden Jahren mit seinem eigenen Boot die Nordwestpassage durchfahren.

bewusst, dass der Larsen Sound und der Peel Sound weiter im Norden noch komplett geschlossen sind. Irgendetwas muss geschehen, damit das Eis aufbricht. Vielleicht der verspätete Sommer, auf den alle warten? Vielleicht bricht er das Eis ja doch noch weiter auf. Was wir zu diesem Zeitpunkt nicht wissen: Was wir gerade hoffnungsvoll genießen, ist der letzte warme Tag in diesem Jahr!

Frühsommer in der James Ross Strait. Während eines Erkundungsfluges mit Willi blicken wir aus der Twin Otter auf die aufbrechenden Eisfelder. Schmelzwasserseen haben sich auf dem Eis gebildet und lassen uns auf einen baldigen Eisaufbruch hoffen (Doppelseite 188/189).

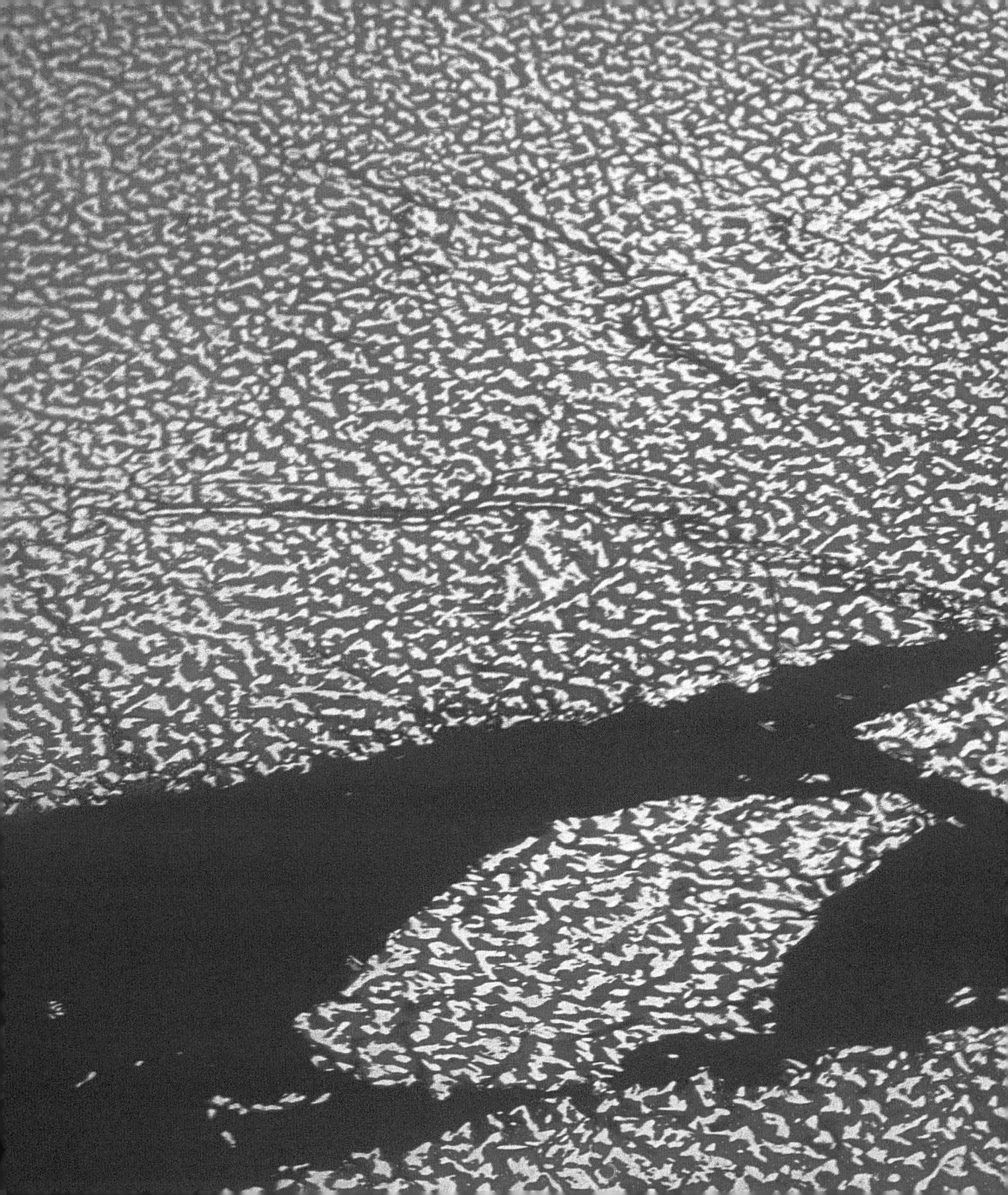

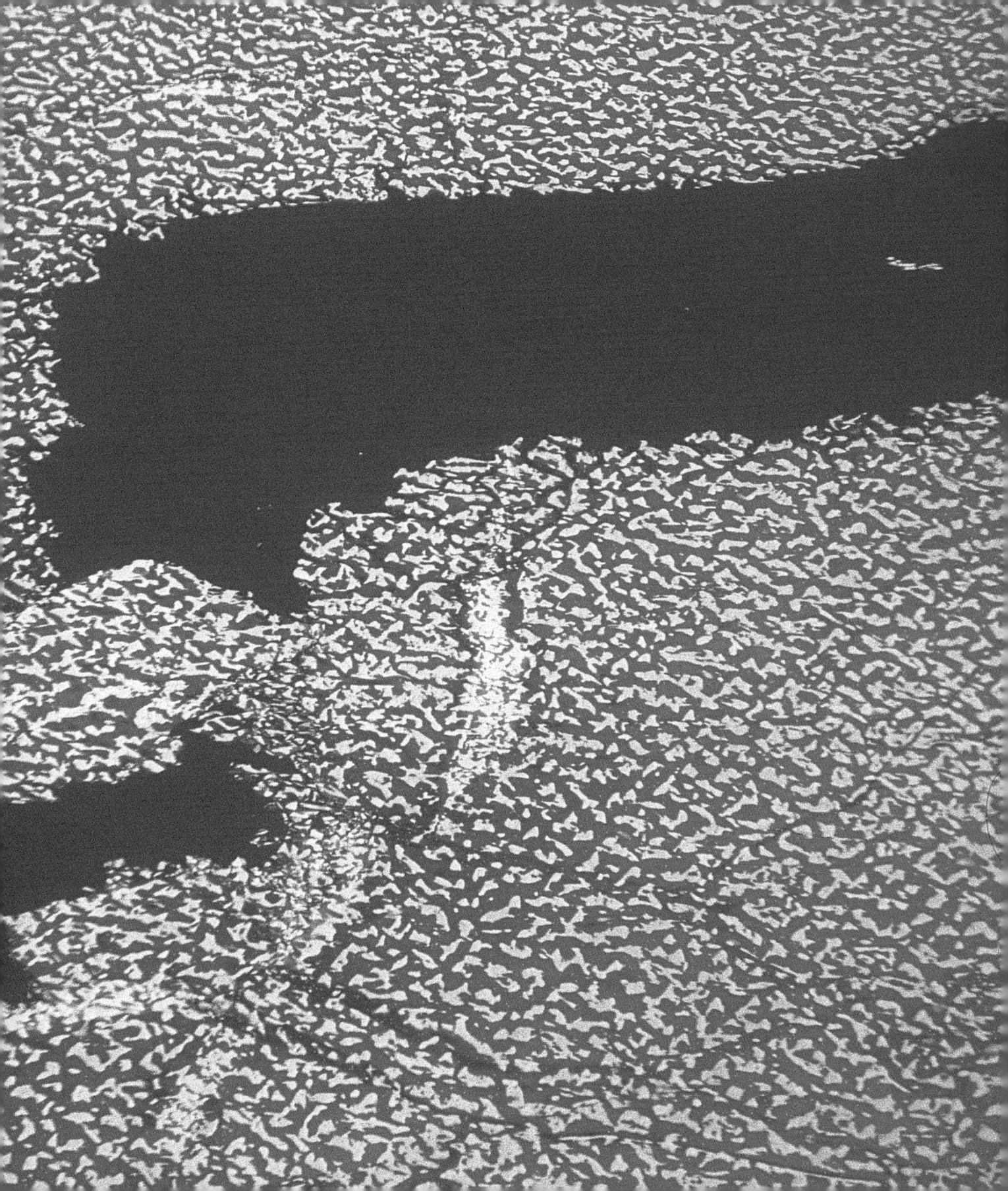

Die Geduldsprobe

Im harten Griff der arktischen Natur

Von allen Anforderungen, die ein Polarfahrer erfüllen muss, ist das hohe Maß an Geduld, die er aufzubringen hat, wahrscheinlich die schwierigste. Ohne Geduld und Ausdauer läuft hier gar nichts; bisweilen gilt das sogar für Eisbrechercrews und Piloten. Die Arktis lässt sich nicht im Handstreich nehmen oder nach Belieben verplanen. Wir bekommen das einmal mehr zu spüren. Seit dem 20. August liegen wir vor der kleinen Ortschaft Taloyoak vor Anker und harren der weiteren Entwicklung. Brent und Doug, die hier einige Leute kennen, bekommen Zugang zum Internet, mit dessen Hilfe sie täglich die neuesten Eiskarten abrufen. Von marginalen Schwankungen abgesehen gleichen sich die Karten von Tag zu Tag. Vom Nordausgang der James Ross Strait an liegt das Eis in einer Konzentration von 9 +, was soviel wie eine einzige meterdicke Eisbarriere bedeutet, die sich hunderte von Kilometern nach Norden erstreckt. Wenn wir durch die Passage wollen, müssen wir dort durch, aber unter diesen Voraussetzungen hat selbst Norman Thomas von seinem ursprünglichen Plan Abstand genommen, bis zur Bellot Strait zu fahren. »Too much ice«, teilt er uns mit – selbst für seinen Eisbrecher!

Taloyoak liegt auf der Boothia Peninsula. Da wir abwarten müssen, unternehmen wir Wanderungen in das Hinterland, das voller Karibuherden ist und durch die vielen Berge und Seen abwechslungsreicher wirkt als King William Island oder auch Victoria Island. Auf diesen Ausflügen wird deutlich, dass der Sommer bereits zu Ende ist. »Es gab dieses Jahr kaum Moskitos«, bekommen wir von den Einheimischen zu hören. »Auch Beeren gibt es dieses Jahr keine – it's been a cold summer!« Durch das Ausbleiben der Moskitos – ein Umstand, den keiner wirklich bedauert – haben die Karibus mehr Ruhe und können deshalb die Nahrung besser verwerten. Nicht nur die Menschen leiden unter den Moskitos, die Tiere tun es ebenso. Durch das Fehlen der Quälgeister sind die Karibus schön fett und kräftig. Brent zieht mit einigen Jägern los, und als er spätabends zurück an Bord kommt, liegen im Schlauchboot zwei abgezogene Karibus, die ihm die Jäger überlassen haben. Doug macht sich

Der kurze arktische Sommer ist unwiderruflich vorbei. Die überkommende Gischt gefriert sofort an Deck und in der Takelage des Schiffes. Misstrauisch beobachten wir die rasant voranschreitende Vereisung.

Doug beim fachmän-
nischen Zerlegen der
Karibus.

Taloyoak aus der Vogel-
perspektive. Nur wenige
Stunden entfernt von
hier liegt undurchdring-
liches Eis.

sofort daran, die Tiere portionsgerecht zu zer-
teilen. Wie wir insgeheim befürchtet haben, meldet er seinen Anspruch auf die Köpfe an. Ich hatte gehofft, dass Brent sie an Land gelassen hätte,
aber nun gibt es kein Zurück. Wenig später sitzen wir alle erwartungsvoll um den Messetisch
versammelt, und während wir Karibufilets mit
Reis und Gemüse essen, lädt sich Doug den
ersten geviertelten Kopf auf den Teller und
beginnt genüsslich die Augen zu vertilgen, das

Hirn, die Lippen – wegschauen ist in der Enge der Raumes kaum möglich. Doug ist seelig, und wir ergeben uns seufzend in unser Schicksal.

Die Minke liegt nur einen Steinwurf von uns entfernt vor Anker. Mit den beiden Crewmitgliedern pflegen wir einen regen Gedankenaustausch, und sie kommen uns auch an Bord besuchen. Der Skipper wird hingegen immer verdrießlicher und meidet uns, als hätten wir eine ansteckende Krankheit. Am 31. August dann

plötzlich die überraschende Nachricht: Die Minke kehrt heute nach Cambridge Bay zurück. Laut Aussage des Skippers hat die Warterei keinen Zweck mehr, das Eis würde sich in diesem Jahr ohnehin nicht mehr bewegen. Seine beiden Mitsegler finden den Aufbruch ebenso wie wir etwas übereilt, müssen sich aber natürlich fügen. Ohne weiteren Kommentar segelt die Minke zurück nach Cambridge Bay, wo sie für den Winter aufgelegt wird und verwaist den zweiten Winter in der Nordwestpassage verbringen wird. Für die Fine Tolerance und für die Polar Bound, die noch beide in Gjoa Haven liegen, kommt dieser Entschluss ebenfalls überraschend.

Wir warten weiter ab, auch wenn wir dadurch auf eine harte Geduldsprobe gestellt werden. Aber

Die Minke und Fine Tolerance an der Pier in Cambridge Bay. Immer mehr Yachten versuchten in den letzten Jahren, durch die Nordwestpassage zu gelangen. Tendenz: weiter steigend.

Bordalltag. Sturm, Eis und Schnee sind allgegenwärtig. Die Nordwestpassage zeigt uns die Zähne. Alles an Deck ist vereist – einschließlich des Rudergängers und der Schiffsglocke.

wir haben immer noch Hoffnung, dass sich eine Rinne im Eis öffnen kann. Der Sommer mit seinem ungewöhnlich kühlen Wetter hat das Eis nicht brechen können. Die Kraft der Sonne ist für dieses Jahr unwiederbringlich dahin. Was jetzt noch helfen kann, ist ein Sturm – wir stellen die gleichen Überlegungen an wie im Jahr zuvor. Damals waren wir aber immerhin bis zur Kent Bay gelangt, daran ist momentan überhaupt nicht zu denken. Die Eislage sieht insgesamt noch hoffnungsloser aus als im Jahr zuvor. Die täglichen Eiskarten wirken entmutigend. Das Eis liegt unverrückbar fest, wo bleiben nur die üblichen Herbststürme? Erst am 5. September scheint sich ein solcher Sturm anzukündigen. Für den nächsten Tag sind nördliche Winde mit 40 Knoten angekündigt, gespannt verfolge ich den Sinkflug des Barometers. Ob auf der POLAR BOUND und der FINE TOLERANCE in Gjoa Haven, ob bei der JOTUN ARCTIC, die mittlerweile vor dem Osteingang der Bellot Strait wie wir auf Warteposition liegt, ob bei uns oder an Land – alle warten gespannt auf die Entwicklung des Wetters.

Am 7. September beginnt es zu wehen. Das Eis scheint zu reagieren, endlich zeigen die Eis-

karten erste Veränderungen. In der Hoffnung, dass der Wind eine Schneise ins Eis schlagen wird, warten wir noch bis zum Nachmittag ab, dann laufen wir aus. Wir wissen, dass uns schlechtes Wetter erwartet. Das Schiff ist schon lange seeklar, und anders als bei der Reise nach

Derart vereist habe ich mein Schiff noch nicht erlebt. Jeder Tropfen, der sich irgendwo nieder- schlägt, gefriert sofort zu solidem Eis. Die Seewasser- temperatur liegt deutlich unter dem Gefrierpunkt.

Die Fahrt durch die Passage wird zum Wettlauf mit der Zeit – und dem Eis. Wir können fast zusehen, wie das Eis an Stärke gewinnt. Irgendwann ist es zu stark für die DAGMAR AAEN. Wir fahren daher so schnell es geht.

Bathurst Inlet fehlt diesem Start die Beliebigkeit. Die Zeit läuft uns davon, wir müssen jetzt versuchen, einen Durchbruch zu schaffen, ansonsten schwinden unsere Chancen rapide. Es wird eine durch und durch unerfreuliche Nacht. Kaum haben wir die schützende Bucht hinter uns gelassen, als der Wind weiter aufbrist und uns genau entgegenweht. Fünfzig Knoten Wind aus nordöstlicher Richtung, das bedeutet nicht nur Sturm, sondern zugleich auch Eiseskälte. Die Lufttemperatur liegt einige Grade unter dem Gefrierpunkt, alles was an Gischt über Deck kommt, gefriert augenblicklich. Ich versuche bis Matty Island zu kommen, um dort unter Landabdeckung zu gelangen, aber irgendwann können wir den Kurs nicht mehr halten. Das Schiff sieht gespenstisch aus. Das Deck ist glatt und rutschig, in der Takelage bildet sich zunehmend Eis, und selbst das Ölzeug und die Rettungswesten der Deckswache sind mit einer dicken Eiskruste überzogen. Es fühlt sich extrem kalt an, kaum kann ich mich erinnern, jemals so gefroren zu haben. Besorgt beobachte ich das Rigg, ob sich zuviel Eis dort bildet. Durch das zunehmende Gewicht kann sich die Stabilität eines Schiffes dramatisch verändern – selbst große Trawler sind auf diese Art und Weise schon gekentert. Es hat einfach keinen Zweck. In den frühen Morgenstunden lasse ich das Schiff auf Gegenkurs zurück nach Taloyoak laufen. Zu allem Überfluss hat der Wind, ohne in der Stärke nachzulassen, auf Nord gedreht. Es bleibt weiterhin eisig, und als wir uns 24 Stunden nach unserem Aufbruch wieder in die Bucht von Taloyoak schleichen, gleicht das Schiff einem Eispalast. Wir sind völlig erschöpft und enttäuscht. Über Funk höre ich, dass die JOTUN ARCTIC ebenfalls einen Durchbruchversuch unternommen hat, aber genau wie wir wieder umdrehen musste. Zu allem Überfluss hatte der Sturm keine östliche Komponente. Aufgrund dessen hat sich das Eis noch fester an der Küste konsolidiert, als es ohnehin schon war – unsere Chancen stehen wirklich nicht zum Besten.

Dennoch entscheiden wir, noch weiter abzuwarten. Wie ich von David über Funk höre, hat der Sturm den beiden Booten in Gjoa Haven erheblich zugesetzt. Die Anker hielten nicht, und Phil und Liz scheinen von der Heftigkeit des Wetters und der hereinbrechenden Kälte überrascht. Nichtsdestotrotz fahren sie zusammen mit David wenig später bei ruhigerem Wetter von Gjoa Haven los. Am 10. September verlassen wir Taloyoak zum zweiten Mal und segeln bei leichtem Wind Richtung Blencky Island. Nach 36 Meilen sehen wir in der Dunkelheit die Ankerlaternen von POLAR BOUND und FINE TOLERANCE auftauchen und legen uns in ihrer Nähe ebenfalls für die Nacht vor Anker. Um 5 Uhr früh gehen wir alle drei Anker auf. Während wir die Führung übernehmen, folgen uns die POLAR BOUND und die FINE TOLERANCE im Kielwasser. Den ganzen Tag über fahren wir durch dichte Eisfelder, versuchen irgendwo einen Durchschlupf zu finden und gehen mit der Erkenntnis erneut vor Anker, dass es den derzeit einfach nicht gibt. Tagelang fahren wir den Ausgang der James Ross Strait ab. Kaum eine Insel, die wir nicht ansteuern, auf der wir nicht anlanden. Wir lernen die flachen

Gewässer und die Küstenlinien kennen wie unsere Westentasche. Nachts ankern wir, wobei der schlechte Ankergrund oder nahende Eisfelder uns auch dann immer wieder zu Manövern nötigen. Es ist entnervend, weil wir zwar immer gefordert werden, aber keinen Schritt weiter vorankommen. Im Gegenteil, wir müssen uns sogar wieder zurückziehen, da das Eis weiter nach Süden treibt.

Am 14. September folgen wir einer Rinne im Eis, die verlockend weit nach Norden führt. Wie immer folgen uns POLAR BOUND und FINE TOLERANCE. Während David das gleiche Tempo laufen kann wie wir und zudem keine Angst vor Eisberührungen haben muss, stellt sich die Lage für Phil und Liz völlig anders da. Da sie nur eine schwache Maschine haben und der Rumpf in keiner Weise eisverstärkt ist, können sie weder unsere Geschwindigkeit laufen noch dürfen sie mit einem Eisbrocken kollidieren. Aber weil sie sich uns nun einmal angeschlossen haben, müssen wir diesem Umstand Rechnung tragen. Sowohl die POLAR BOUND als auch die DAGMAR AAEN können durchaus im Eis liegen – für die FINE TOLERANCE wäre die gleiche Situation extrem gefährlich. Ich entschließe mich daher, umzudrehen und aus dem Eiskanal wieder ins offene Wasser zu laufen. Aber diese Fahrt durchs Eis hat Phil und Liz das ganze Ausmaß des Unterfangens und die damit verbundenen Schwierigkeiten vor Augen geführt. Ihr Boot wird bei den derzeit herrschenden Temperaturen nicht mehr richtig warm, das schlechte, winterliche Wetter, die Wartezeit und das unberechenbare Eis haben ihren Willen gebrochen. Am nächsten Morgen drehen sie um. David und wir sind froh darüber;

197

nicht, weil uns die beiden nicht sympathisch wären, sondern weil wir mit unseren Schiffen ganz andere Möglichkeiten haben. Gleichwohl kommen wir uns ein wenig vor wie die »Zehn kleinen Negerlein«. Nur die JOTUN ARCTIC ist außer uns noch im Rennen. Schiff und Crew scheinen gut vorbereitet zu sein, doch auch ihnen versperrt das Eis weiterhin die Durchfahrt. Die Informationen, die wir von der SIR WILFRIED LAURIER erhalten, klingen immer düsterer. Auch dort ist man spürbar skeptisch geworden, dass wir in dieser Saison noch eine Chance bekommen. Da aber mittlerweile auch der Rückzugsweg nach Alaska vom Eis blockiert ist und wir daher ohnehin in der kanadischen Arktis überwintern müssten, können wir ebenso gut weiterhin in der James Ross Strait abwarten. Wir hören vom Eisbrecher, dass vier Schlepper mit insgesamt 17 Bargen in diesem Teil der Nordwestpassage festsitzen. Auch ihnen ist momentan der Rückzug nach Inuvik durch das Eis am Cape Bathurst versperrt. Der Eisbrecher kann Schleppverbände nur bis maximal 5/10 Eisbedeckung eskortieren, bei höherer Eisdichte wird es zu gefährlich.

Mittlerweile haben wir den 19. September – wir wissen vom letzten Jahr nur zu gut, was das bedeutet. Unsere letzte Chance schwindet langsam dahin. Trotzdem warten wir ab.

Die Wartezeit vergeht nicht ungenutzt. Um den Lebensraum Arktis und die damit verbundenen Probleme in ihrer ganzen Komplexität auch jungen Menschen verständlich zu machen, hatte ich vor Beginn der Expedition mit einigen Schulen unter dem Stichwort »Jugend und Umwelt« eine Kooperation während der Expedition vereinbart.

Bereits bei früheren Reisen hatten wir gelegentlich Jugendliche einbezogen – meist mit großem Erfolg – bei denen überwiegend Umweltthemen im Vordergrund standen. Dank der modernen Medien ist es heute möglich, quasi jedermann virtuell auf die Expedition mitzunehmen. Bei Sabine Steinbach, Schulleiterin der Dr. Polthier-Gesamtschule in Wittstock, lief ich mit diesem Vorschlag offene Türen ein. Sie war spontan begeistert von der Idee, ihre Schüler auf diese Art und Weise an einer Reise in die Arktis teilnehmen zu lassen. Es folgten mit derselben Begeisterung die Bruno-H.-Bürgel-Gesamtschule in Rathenow sowie die Hamburger Erich-Kästner-Gesamtschule. Die Idee ist so einfach wie wirksam: Die Schüler haben die Möglichkeit, beliebig viele Fragen zum Thema Arktis an uns zu richten. Die Fragen laufen in meinem Büro in Bad Bramstedt auf, werden dort auf eventuelle Dopplungen von Arne Steenbock überprüft und dann via Satellit an Bord gemailt. Sobald sie dort eingetroffen sind, beginnen wir mit der Beantwortung. Durch die Anwesenheit von Brent und Doug an Bord der DAGMAR AAEN verfügen wir über Spezialisten, die diese Region wie nur wenige andere kennen. Daher können wir Fragen beantworten, bei denen wir sonst vermutlich hätten passen müssen. Es sind Fragen die Soziologie betreffend, Umweltthemen wie die Klimaerwärmung, politische Fragen und natürlich, wie es sich auf Dauer und über Jahre hinweg in der Arktis leben lässt. Wir sind angenehm überrascht über den Tiefgang der Fragen, andererseits erfordert das von uns auch eine zeitintensive Auseinandersetzung mit den einzelnen Themenkomplexen. Aber genau das haben wir ja bezweckt. Unterstützt von der Schulleitung und den Fachlehrern basteln die Schüler in ihrer Freizeit an einer jeweils eigenen Homepage und engagieren sich freiwillig und voller Begeisterung für die Themen Nordwestpassage und Arktis. Dieser Teil der Erde – so fern er auch für die Jugendlichen in Deutschland sein mag – verliert plötzlich an Unnahbarkeit und generiert ein Interesse, das vielleicht auch über das Projekt hinaus Bestand hat. Wir hoffen, auf diese Art und Weise eine kleine, aber engagierte Lobby für eine Landschaft zu schaffen, die ansonsten am Rande der öffentlichen Wahrnehmung liegt. Unsere Geduld wird auf eine harte Probe gestellt. Ich habe mir eine Frist gesetzt, die von allen an Bord mitgetragen wird: Wir wollen das Äquinoktium abwarten. Diese Phase der Tag- und Nachtgleiche am 22. und 23. September bringt häufig sehr stürmisches Wetter – exakt das, was wir brauchen: einen handfesten Sturm aus östlicher Richtung. Alles andere würde das Packeis wenig beeindrucken. Gebannt blicken wir abends auf die Wetterkarte, die sich quälend langsam aus dem Fax schiebt. Tatsächlich scheint sich ein Tiefdrucksystem zum Sturmtief zu entwickeln. Gleichzeitig teilt uns Peter über Funk die Wetterprognose mit: Alle Zeichen stehen auf Sturm! Könnte es sein? Wir wagen kaum noch daran zu glauben. Für den Larsen und Peel Sound sind 35 Knoten aus Nordost angesagt. Am Morgen des 20. September weht es bereits mit 30 Knoten. Ein weiteres Mal verholen wir nach Thomas Island, um dort abzuwarten. Während eines Funkgesprächs mit der JOTUN ARCTIC erfahren wir, dass die Norweger trotz der Wetterprognose beschlossen haben, umzukehren und einen Überwinte-

Die schwach motorisierte FINE TOLERANCE hinter der POLAR BOUND. Wenig später wird sie umkehren – im Eis kann sie bei unserem Tempo nicht mithalten.

rungshafen anzulaufen. Wir sind völlig überrascht. Über vier Wochen haben sie bei Fort Ross ausgeharrt, hatten immer wieder energische Versuche unternommen, nach Süden durchzustoßen, und jetzt, wo sich vielleicht die einzige wirkliche Chance bietet, drehen sie ab und geben auf. Damit sind nur noch David und wir im Rennen.

In der Nacht zum 21. September legt der Wind kräftig zu. Dichtes Schneetreiben, eine rabenschwarze Nacht, driftende Eisschollen und ein immer wieder herausbrechender Anker halten uns die ganze Nacht auf Trab. Am nächsten Morgen erhalten wir für Larsen und Peel Sound sogar eine Sturmwarnung. In der Eiszentrale in Otta-

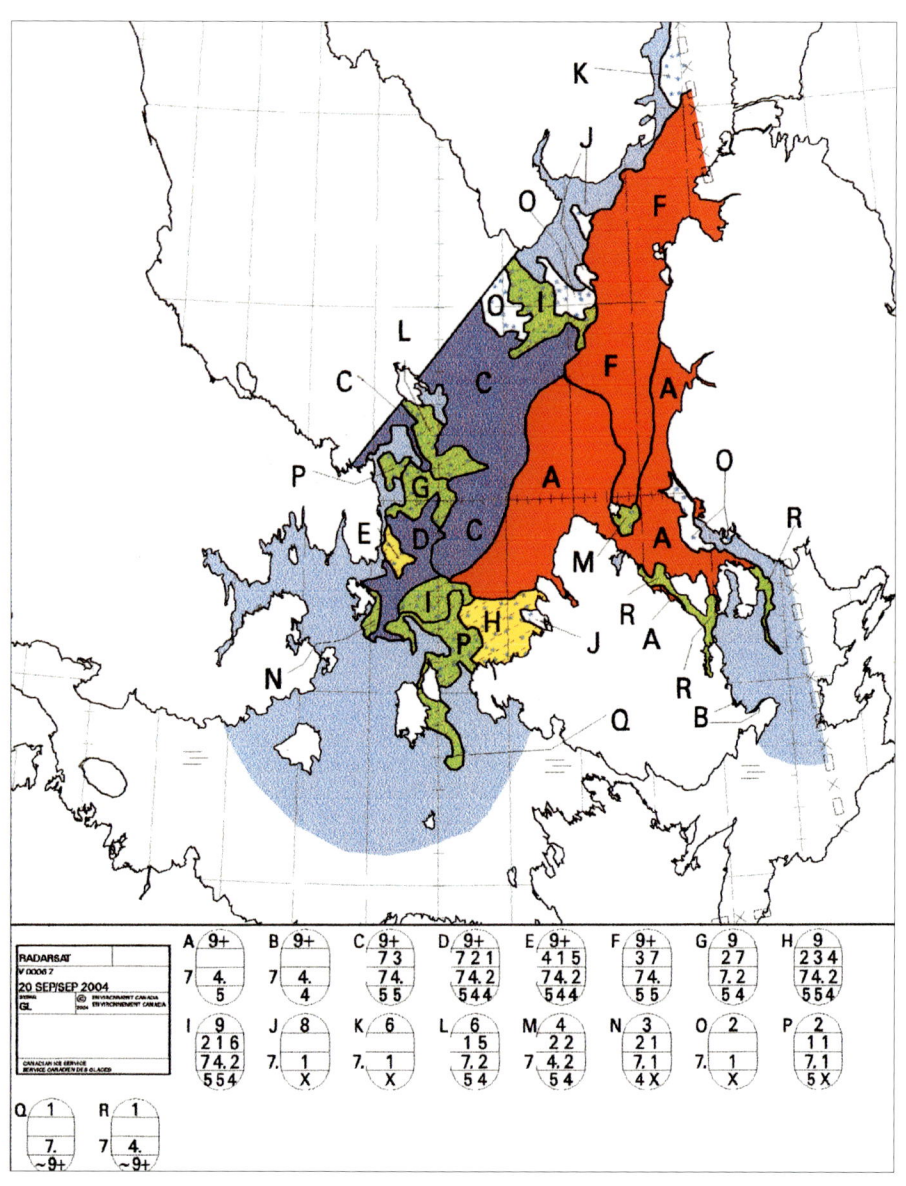

Die Eiskarte vom 20. September 2004 zeigt die undurchdringliche Eisbarriere in der James Ross Strait, dem Franklin und dem Peel Sound. Das Eis ist den ganzen Sommer nicht aufgebrochen. Ohne Sturm wird sich in diesem Jahr nichts mehr verändern.

wa ist man überrascht, dass überhaupt noch ein Schiff unterwegs ist. Brent lässt sich von einem Mitarbeiter telefonisch eine Auswertung der neusten Satellitendaten geben. So gut sah es bislang zu keinem Zeitpunkt in diesem Jahr aus.

Unser Wettzettel mit den zwischenzeitlich verstrichenen Ankunftsdaten in Fort Ross hängt immer noch ein bisschen fleckig und wellig an der Pinnwand. Lediglich Brigitte und Brent sind noch im Rennen – wir anderen sind weit abgeschlagen.

Dann bricht der Sturm mit brachialer Gewalt über die gesamte Region herein. Innerhalb weniger Stunden entwickelt er sich zum Orkan. In Gjoa Haven werden Häuser abgedeckt, eine Frau verirrt sich im Schneetreiben und erfriert. In Resolute Bay muss das Entladen des Tankschiffes unterbrochen werden, in Taloyoak – nicht weit von uns – wird die Schule und die Gemeindeverwaltung geschlossen – keiner geht mehr auf die Straße. Der Sturm reißt Stromleitungen um oder lässt sie – wie in Iqualuit – aufgrund von massiven Vereisungen brechen und so den Ort dunkel werden. Die kanadische Meteorologin Yvonne Bilan-Wallace sagt später in einem Zeitungsinterview: »Stürme sind um diese Jahreszeit normal. Was an diesem ungewöhnlich war, ist die Energie und die Ausdehnung des Systems.« Wir bekommen die volle Wucht ab. David, dessen Anker sich glücklicherweise irgendwo verhakt hat und deshalb auch die schwersten Böen aushält, wagt nicht einmal mehr, an Deck zu gehen, da alles unter einer dicken, spiegelglatten Eisschicht liegt. Im Gegensatz zu ihm haben wir kein Ruderhaus auf der DAGMAR AAEN, das Schiff wird vom offenen Deck aus gefahren, egal wie das Wetter ist. Nachdem der Anker zum fünften Mal ausgebrochen ist, versuchen wir, unter Maschine unsere Position zu halten. Durch die fliegende Gischt und den Seegang sind die flachen Inseln auf dem Radar kaum noch als Ziel auszumachen. Das Wasser ist voller Untiefen und insgesamt nur wenige Meter tief. Ständig müssen wir über GPS mitplotten, die Sicht an Deck ist gleich Null. Erst am Morgen des 22. lässt die Wucht des Sturmes langsam nach. Beide Schiffe haben diese Nacht glücklicherweise ohne Schaden überstanden, aber alle an Bord sind übernächtigt und einsilbig. Um 9:45 Uhr lasse ich Brent bei der Eiszentrale in Ottawa anrufen. Der letzte Radarsatellit ist genau um 9:20 Uhr über unser Gebiet hinweggezogen. Der Observer hat das aktuelle Bild gerade erst auf den Monitor bekommen und muss es noch analysieren. Die Minuten verstreichen. Über Satellit kostet das Gespräch ein kleines Vermögen, aber das ist mir jetzt völlig gleichgültig. Die Spannung ist kaum auszuhalten. In der Messe warten die anderen auf die Nachricht. Hat der Sturm das Eis bewegt oder nicht? Die Entscheidung, ob wir umkehren müssen oder weiterfahren, fällt in diesen Minuten.

Endlich liegt die Einfahrt zur Bellot Strait vor uns. Die Straße verfügt über tückische Strömungen, die innerhalb kürzester Zeit die Passage mit Eis blockieren oder vom Eis räumen können. Wir haben Glück – das aber hart erkämpft werden wollte. Trotzdem sind wir noch nicht am Ende der Schwierigkeiten angelangt (Doppelseite 202/203).

Der Durchbruch

Die Strategie des langen Atems

Der Ice Observer lässt sich Zeit mit der Analyse. Aber dann kommen seine Angaben schnell und präzise: Entlang der Küste im Larsen- und Peel Sound hat sich durch den Sturm eine bis zu 10 Seemeilen breite Rinne gebildet. Im Bereich der Tasmania Islands verengt sie sich bis auf 3 Seemeilen, dazwischen liegen immer wieder Eisfelder mit unterschiedlicher Eiskonzentration. Der Wind soll bis morgen weiterhin aus Nordost kommen, danach auf Nord drehen. Mit diesen Neuigkeiten eilen wir ins Mittschiff, wo uns die gesamte Mannschaft erwartungsvoll entgegenblickt. Ich schildere die Lage und frage dann jeden einzelnen nach seiner Meinung. Die Entscheidung muss letztlich ich treffen, aber es wäre in dieser Situation völlig unangebracht, die Meinung der anderen nicht zu hören. Es sind differenzierte, nachdenkliche und auch sorgenvolle Stimmen zu hören – die Erinnerung an das letzte Jahr ist noch sehr frisch. Dennoch wollen

Nachdem wir das Prince Regent Inlet erreicht haben, glauben wir schon aus dem Gröbsten heraus zu sein. Aber auch hier wächst das Eis schneller, als wir fahren können. Mit voller Motorleistung brechen wir uns eine Rinne durch das Neueis.

es alle versuchen. Tief hole ich Luft:»Let's go for it!« Zu Egon gewandt sage ich: »Schmeiß an«, was ihn eilig aufspringen und in den Maschinenraum abtauchen lässt. Wenig später hören wir das vertraute Geräusch des Callesen-Motors. Über Funk teile ich David unseren Entschluss mit, er ist froh, dass es weitergeht. Sofort beginnen wir damit, den Anker zu hieven, um Punkt 10:10 Uhr nehmen wir Fahrt auf.

Zwischen dem Gespräch mit der Eiszentrale und der Fahrtaufnahme sind lediglich 30 Minuten vergangen. Über Funk informiere ich Peter in Cambridge Bay, Arne Steenbock, der im Büro in Bad Bramstedt die Stellung hält und bei dem alle Fäden zusammenlaufen, sowie die Coast Guard. Und dann sind wir unterwegs. Dort, wo vor einem Tag noch undurchdringliches Eis lag, finden wir jetzt offenes Wasser vor, lediglich mit einigen Eisschollen durchsetzt. Um 14:50 Uhr passieren wir den siebzigsten Breitengrad, damit haben wir die James Ross Strait hinter uns gelassen und fahren in den Larsen Sound ein. Bei Schneetreiben preschen wir so schnell es geht nach Norden, David unmittelbar hinter uns. Während wir uns ständig im Ausguck abwechseln und unsere Wachen gehen, ist David allein an Bord und muss von Hand steuern. Irgend-

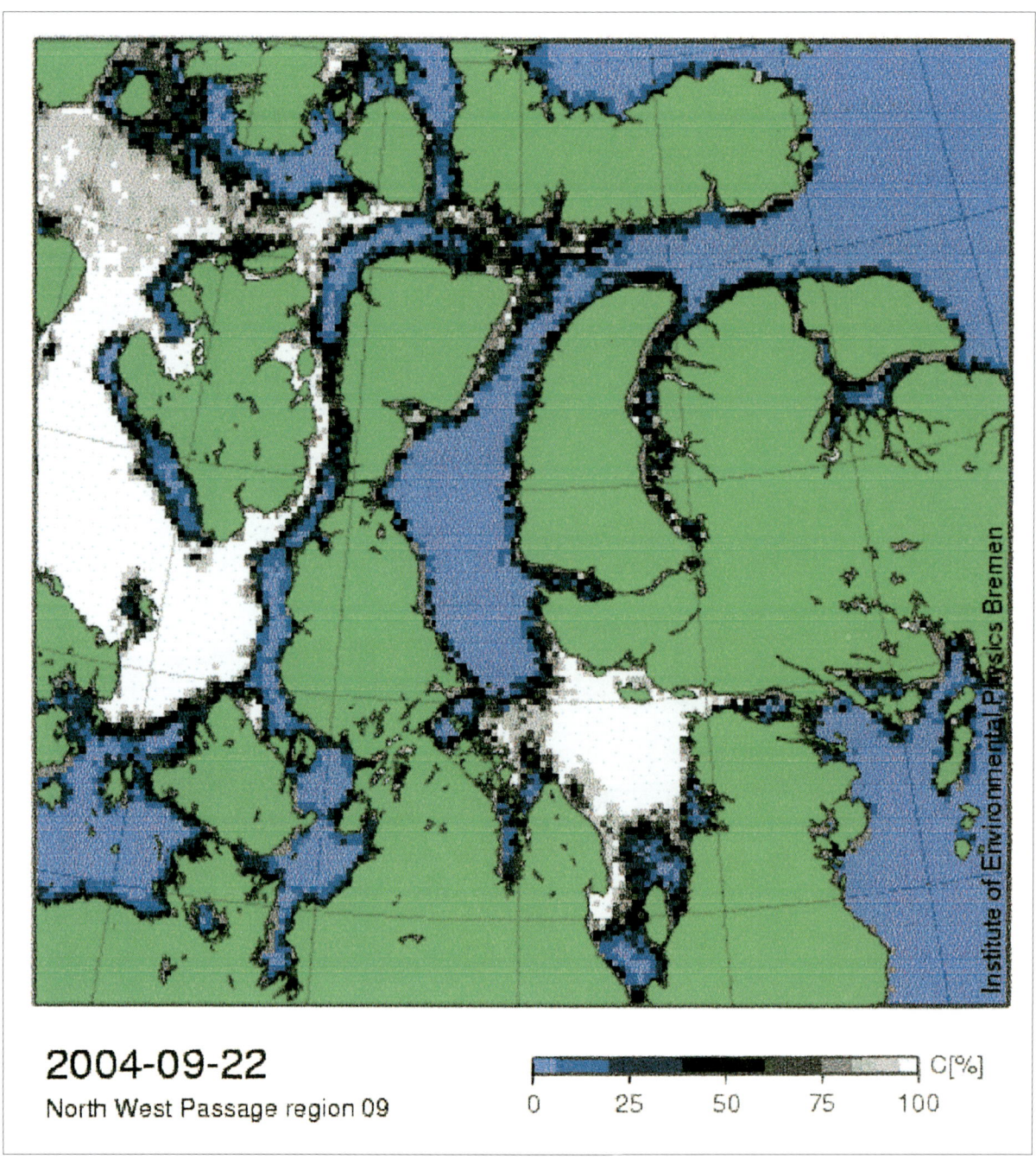

2004-09-22

North West Passage region 09

C[%]

0   25   50   75   100

Institute of Environmental Physics Bremen

wann wird der Punkt kommen, wo er etwas essen oder aufs Klo muss. Und irgendwann wird er auch schlafen müssen. Um 20 Uhr ist es dunkel geworden, wir müssen die Fahrt reduzieren, obwohl ständig einer von uns mit einem Suchscheinwerfer auf dem Vorschiff steht und das Wasser ausleuchtet. Immer wieder tauchen schemenhaft große Eisschollen aus der Dunkelheit auf. Durch das ständige Schneetreiben und das gefrierende Wasser bleibt der Neuschnee auf dem Wasser liegen. Im Dunkeln lässt sich der Schnee vom Eis kaum unterscheiden. Um 22 Uhr habe wir die große Pasley Bay querab, dort hatte die St. Roch 1941/42 einen Winter verbracht. Mit Willi waren wir vor Wochen über die Bucht geflogen und hatten dabei auch den einsamen Steinmann gesehen, den die Bestatzung des Schoners errichtet hatte. Die Bucht bietet guten Schutz, hat aber den Nachteil, dass das Eis sehr spät aufbricht – wenn überhaupt. Um 23 Uhr bittet David darum, eine Pause einzulegen. In Anbetracht der unsicheren Wetter- und Eislage lehne ich das kategorisch ab, biete ihm aber an, ein Crewmitglied von uns an ihn zu übergeben. David, der immer alleine unterwegs ist, fällt die Entscheidung spürbar schwer. Aber ich lasse ihm in diesem Fall keine Wahl – wir werden definitiv nicht stoppen, sondern die ganze Nacht und auch den kommenden Tag durchfahren. Schließlich willigt er ein. Um Mitternacht gehen wir längs-

Brent steigt von der Polar Bound über auf die Dagmar Aaen, nachdem er David während der Nacht am Ruder abgelöst hat.

seits und übergeben Brent, der David am Ruder ablösen wird. Wir haben nicht einmal aufgestoppt bei der Übergabe, sondern lediglich ein wenig die Fahrt reduziert. Brent nimmt im komfortablen Stuhl von David Platz und fädelt sich wieder in unserem Kielwasser ein, während David sich hinlegt und augenblicklich einschläft. Um 5:20 erreichen wir die Tasmania Islands, das Timing hätte nicht besser sein können. Meine größten Befürchtungen scheinen sich zu bewahrheiten, als wir vorsichtig in den berüchtigten Shortland Channel einfahren und wie im Jahr zuvor eine ungeheuer massive Eiswand vorfinden, die unter enormem Druck steht. »Das ist die Mausefalle«, geht es mir durch den Kopf. Wir

Die Eiskarte vom 22. September zeigt die Rinne, die sich nach dem Sturm entlang der Küste der Boothia Peninsula gebildet hat. Diese Chance – die einzige in diesem Jahr – haben wir genutzt.

müssen eine andere Durchfahrt suchen. Derweil hat der Wind weiter auf Nord gedreht, was sich negativ auf die Eisdrift auswirken wird. Es ist wie verhext. Um 7:40 Uhr nähern wir uns einem Gürtel aus dichten Eisbrocken, der zwischen zwei Inseln liegt. Dahinter ist wieder offenes Wasser. Wir suchen uns die engste Stelle aus und zwängen den Steven der DAGMAR AAEN in das Eisfeld. Es entsteht eine enge Gasse, durch die wir uns hindurchquetschen. Brent und David folgen dicht hinter uns. Dann liegen die Inseln plötzlich achteraus. Um 9 Uhr übernehmen wir wieder

Brent, der trotz seiner Müdigkeit nicht dazu zu bewegen ist, in die Koje zu gehen. Wenig später erleben wir einen denkwürdigen Moment, als wir am Cape Hobson unsere Vorjahresposition passieren. Bei klarem, sonnigem, aber eisigem Wetter sehen wir die vertrauten Konturen der Landschaft, die wir fast auf den Tag genau vor einem Jahr beobachten mussten. Auf der Wasseroberfläche bildet sich Nilas, dünnes, elastisches Eis, die erste Stufe der Neueisbildung. Keine Frage, wir dürfen auch weiterhin keine Zeit verlieren. Wir laufen in etwa 50 Meter tiefem Wasser, laut Seekarte gibt es hier keine Unterwasserhindernisse. Plötzlich verspüren wir harte Schläge, so als ob wir eine Eisscholle überlaufen hätten, und noch ehe der Ausguck warnen kann, sind wir auf einen Unterwasserfelsen aufgelaufen, der in keiner Seekarte verzeichnet ist. Das Vorschiff befindet sich bereits schon wieder im tiefen Wasser,

Kurz vor dem Erreichen der Bellot Strait laufen wir auf eine Untiefe, die in keiner Karte verzeichnet ist. Hier soll es laut Seekarte fünfzig Meter tief sein. Nur mit Mühe gelingt es uns, das Schiff wieder in tiefes Wasser zu bringen.

aber die Ruderhacke mit dem größten Tiefgang hat sich auf die Untiefe geschoben und sitzt dort bombenfest. Sofort checken wir die Bilgen, aber das Schiff ist trocken. Der Kiel der DAGMAR AAEN besteht aus drei Zentimeter massivem Stahl, die gesamte Ruderhacke ist aus dem gleichen Material verstärkt. Diese Vorsichtsmaßnahme, seinerzeit von einigen Skeptikern während der Bauphase als übertrieben belächelt, hat schwerere Schäden verhindert. Wir fieren den Großbaum aus, lassen das Schlauchboot zu Wasser, postieren die ganze Mannschaft auf der Baumnock und übergeben zusätzlich eine Schlepptrosse zur POLAR BOUND. Wenig später holpert der Kiel der DAGMAR AAEN über die letzte Felsplatte und taucht dann wieder ins freie Wasser ein. Egon hat alle Bodenplatten aufgenommen, aber das Schiff bleibt so trocken wie immer. Der ganze Vorgang hat nicht einmal eine Stunde gedauert. Kaum sind wir wieder frei, fahren wir weiter. Die Position der Untiefe tragen wir in die Karte ein und senden sie an die Coast Guard wie auch an das

Zurück bleibt eine Rinne im Neueis. Wir freuen uns über jede Meile, die wir dem offenen Wasser näher kommen. Ein schwächer motorisiertes Schiff hätte jetzt bereits keine Chance mehr.

Hydrografische Institut. Auf dieser Strecke fahren auch andere Schiff, Eisbrecher oder beispielsweise die BREMEN oder die HANSEATIC – und in Zukunft vielleicht sogar die Tanker für Bathurst Inlet. Nicht auszudenken, was passieren würde, wenn eines dieser Schiffe auf diesen bislang unbekannten Felsen läuft. Der Solidität der DAGMAR AAEN ist es zu verdanken, dass nichts passiert ist.

Der Schreck ist mir tief in die Knochen gefahren. Bei einem schwächer gebauten Schiff wäre der Kiel gebrochen, mindestens aber das Ruder verloren. An dieser Position sicher das Letzte, was man gebrauchen kann!

Um 16:40 Uhr steuern wir den Westeingang zur Bellot Strait an. Wie wir aus den Seehandbüchern und aus den Erfahrungen von 1993 her wissen, läuft durch diesen Sund ein enorm starker Gezeitenstrom. Häufig ist die Passage zudem vom Eis versperrt. Jetzt aber, endlich mal!, scheint es uns fast so, als ob das Eis ein Einsehen mit uns hat. Die Straße ist frei. An Steuerbord können wir das Nordende der Boothia Peninsula sehen, die – das ist den Wenigsten bewusst – zugleich den nördlichsten Festlandszipfel Nordamerikas darstellt. Nördlich davon gibt es nur Inseln. Um 19:55 Uhr passieren wir den wegen der Strömungsverhältnisse berüchtigten Magpie Rock, wenig später tauchen in der einsetzenden Dunkelheit die einsamen Hütten von Fort Ross auf. Kurz darauf fahren wir in die Depot Bay ein und gehen dort vor Anker. Erst jetzt bemerken wir die bleierne Müdigkeit, die uns alle befallen hat. Die Konzentration, die Anspannung, der wenige Schlaf der letzten Tage hat Spuren hinterlassen. Aber der Einsatz hat sich gelohnt. Bis vor wenigen Tagen noch lag hier die JOTUN ARCTIC vor Anker. Sie hätten es jetzt in umgekehrter Richtung genauso geschafft wie wir – sie haben das Handtuch einige Tage zu früh geworfen.

Am nächsten Morgen frühstücken wir in aller Ruhe, danach bittet Torsten offiziell um Ruhe und Aufmerksamkeit. Er holt den fleckigen Wettzettel von der Pinwand sowie den Topf mit den fünfzig Dollar aus seiner Koje. Brent hat gewonnen! Seine Schätzung lag nur um vier Stunden vor unserem tatsächlichen Eintreffen, gefolgt von Brigitte, deren Schätzung aber schon vierundzwanzig Stunden vor unserem Eintreffen abgelaufen war. Also erhält Brent unter großem Hallo den Jackpot. So gelöst war die Stimmung schon lange nicht mehr, irgendwie scheint ein Teil der Anspannung von uns abzufallen. Anschließend unternehmen wir gemeinsam einen Landausflug. Eine der Hütten ist bestens erhalten und dient zugleich als Schutzhütte. Massive Bohlen sichern die Türen und Fenster vor allzu neugierigen Eisbären. 1993 hatten wir die Tür reparieren müssen, nachdem sie von einem Eisbären eingetreten worden war. Auf dem Tisch liegt immer noch das alte Gästebuch, in dem auch unser Eintrag von 1993 zu finden ist. Danach noch einige neuere Einträge, die meisten von Piloten oder Wissenschaftlern, die hier eingeflogen sind.

Auf einer Anhöhe sehen wir den McClintock Cairn, einen so genannten »Steinmann«, den jener auf der Suche nach Franklin errichtet hatte. McClintock hatte hier sein Lager aufgeschlagen, auch die Fundamente seines Hauses sind noch heute zu sehen. Es ist historischer Boden, zudem landschaftlich sehr abwechslungsreich. Eine Herde Moschusochsen sucht unmittelbar am Strand nach spärlichen Pflanzenresten und lässt sich dabei von uns nicht beeindrucken. Während ich vor dem McClintock Cairn stehe, blicke ich versonnen über das Prince Regent Inlet – froh, endlich hier zu sein. Aber was ich dort sehe, gefällt mir überhaupt nicht. Mit einem Mal verliert sich der Blick für die schöne Landschaft, die alten Gebäude, die Moschusochsen. Da draußen treibt Eis, jede Menge davon, und es schiebt sich langsam, aber sicher an die Küste heran! Selbst aus dieser Distanz erkenne ich, dass es teilweise schweres, mehrjähriges Eis ist. Ich prüfe den Wind, der aus Nordwesten kommt und in der letzten Stunde spürbar aufgefrischt hat. Wir dürfen uns nicht in Sicherheit wiegen,

noch sind wir nicht aus dem Eis raus. Ich blicke um mich, die Landschaft sieht mit der dünnen Schneeauflage sehr winterlich aus. Morgens hatte das Thermometer bereits 8 °C gezeigt. In meinem Kopf schrillen alle Alarmglocken – wir müssen hier raus, und das so schnell wie möglich! Ich stürme hinunter zur Hütte, wo ich Torsten zur Eile antreibe, seine Dreharbeiten abzuschließen. Er reagiert verärgert über meine Drängelei, doch so sehr ich ihn verstehe: Es nützt nichts. Stunden können hier jetzt darüber entscheiden, ob wir durchkommen oder hier überwintern müssen. Ich halte nach David Ausschau. Er hatte hier in den achtziger Jahren mit dem Motorboot MABEL E. HOLLAND gleich zweimal hintereinander überwintert und verbindet verständlicherweise viele Erinnerungen mit diesem Platz, der Bucht und den alten Gebäuden. Er findet den Steinmann, den er damals gebaut hat, unversehrt vor, ebenso einige Baumaterialien, die er für die Überwinterung benötigt und anschließend hier depo-

Am Ostausgang der Bellot Strait liegt die alte und verlassene Handelsstation Fort Ross. Die Gebäude der Hudson's Bay Company stehen noch heute. Es ist ein faszinierender Ort.

niert hatte. David stöbert in Erinnerungen, fotografiert und stolziert freudestrahlend in »seiner« Bucht herum. Ich kann ihn nur zu gut verstehen. Nach vielen Jahren an einen so entlegenen Ort zurückzukehren, lässt einfach alte Erlebnisse wieder hochkommen. Mir geht das ähnlich, hatten wir doch 1993 eine ganze Weile hier verbracht und in den Eispressungen sorgenvolle Stunden durchlebt. Aber für solche Sentimentalitäten ist jetzt keine Zeit.

»Das Eis kommt«, dränge ich ihn, »wir müssen sofort weiter.« Er versteht meine Eile nicht. Hier sei es sicher und bis zum Lancaster Sound nicht mehr weit. »Weit« ist ein sehr relativer Begriff, insbesondere wenn es ums Eis geht. Ich ver-

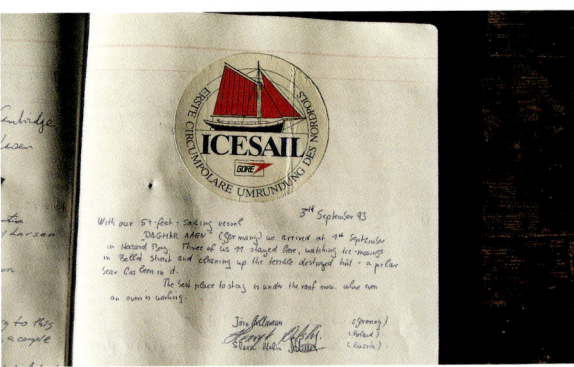

Eines der Häuser in Fort Ross wird von gelegentlich vorbeikommenden Jägern und Reisenden als Schutzhütte erhalten. In dieser Hütte liegt auch das berühmte Gästebuch von Fort Ross, in dem wir unseren Eintrag von 1993 wiederfinden. Dazwischen liegen nur wenige beschriebene Seiten. Die anderen Gebäude (links) sind so, wie man sie verlassen hat – einschließlich Mobiliar.

suche ihn zu überzeugen, mit uns zu fahren, er wiederum versucht mich zu überreden, bis morgen früh zu bleiben. Vergeblich. Wir lassen uns beide nicht umstimmen. Brent, der meine Sorge teilt, spricht ebenfalls mit David, kann ihn aber ebenso wenig wie ich umstimmen. Kurz bevor wir die Bucht verlassen, erhalte ich die neuste Eiskarte über das Fax. Ich kopiere sie und fahre ein letztes Mal mit dem Schlauchboot zur POLAR BOUND hinüber, um sie David zu geben. Die Karte zeigt einen massiven Riegel aus altem Eis, der

sich scheinbar immer dichter an die Küste schiebt. Noch einmal dränge ich ihn, mit uns zu kommen, aber er will bleiben. Nur bis morgen früh. Nun gut.

Wir vereinbaren Funkzeiten und Frequenzen, danach ein herzliches Shakehands, und noch während ich mit dem Schlauchboot zurück zur DAGMAR AAEN fahre, hievt die Crew schon den Anker. Um 13:30 Uhr beginnen wir aus der Depot Bay zu steuern. Uns weht ein eisiger Wind um die Ohren, der jeden Tropfen Wasser, der an Deck kommt, sofort zu Eis verwandelt. Wir müssen zunächst in südliche Richtung fahren, um den driftenden Eisfeldern aus dem Weg zu gehen. Irgendwie finden wir den Durchschlupf, aber es ist knapp.

Wir beeilen uns, so schnell es die Eisverhältnisse erlauben, nach Norden Richtung Lancaster Sound zu kommen. Uns allen ist klar, wie berechtigt der eilige Aufbruch war. Nachts bildet sich auf den offenen Wasserflächen Neueis, das so schnell wächst, dass es innerhalb weniger Stunden bereits mehrere Zentimeter stark ist. Am Morgen des 25. September meldet sich David vereinbarungsgemäß über Funk. Er hat große Mühe

Eine Flasche mit Nachrichten von Expeditionen, die diesen Punkt erreicht haben. Eine Art Briefkasten für Polarreisende.

Der McClintock Cairn bei Fort Ross. Er steht auf einem Berg, von dem man aus die Bellot Strait und das Prince Regent Inlet überblicken kann.

gehabt, auf dem total vereisten Deck seinen Anker zu hieven und derzeit versucht er verzweifelt, einen Durchschlupf in den Eisfeldern zu finden – vergeblich. Um nicht an exponierter Lage einzufrieren, entscheidet sich David, wieder nach Fort Ross umzukehren; seiner Stimme ist die Enttäuschung über die Entwicklung anzumerken. Wir können ihm jetzt nicht mehr helfen, im Gegenteil, wir befinden uns sozusagen selbst auf der Flucht vor dem Eis. Immer dicker wird das Neueis. Dazwischen Felder von altem Eis.

Wir fahren mit voller Maschinenleistung und machen dennoch zeitweise nur 2 bis 3 Knoten Fahrt. Niemals in der Geschichte der Nordost- oder auch der Nordwestpassage hat ein Schiff ohne Maschinenantrieb eine Durchfahrt geschafft. Selbst Franklin hatte schon Dampfmaschinen an Bord gehabt. Die POLAR BOUND, so erfahren wir, ist jetzt endgültig in der Depot Bay eingefroren. Zum Glück für David befindet sich ein Eisbrecher auf dem Rückweg von Kugaaruk, dem früheren Pelly Bay, nach Norden und eilt ihm zu Hilfe. Das Eis ist so massiv geworden, dass die Eisbrechercrew David mit dem völlig

vereisten Ankergeschirr helfen muss. Allein hätte er den Anker nicht mehr hochbekommen. Anschließend folgt er dem Eisbrecher. Zum Glück lässt das gebrochene Neueis der POLAR BOUND genügend Freiraum, um dem vorausfahrenden Schiff zu folgen.

Während wir am 26. September den nördlichsten Punkt unserer Reise mit 73° 54′ Nord erreichen und damit in den Lancaster Sound schwenken, kämpft sich David hinter dem Eisbrecher mühselig durch das Neueis. Am Nachmittag desselben Tages fahren wir in das Navy Board Inlet, das das gebirgige Bylot Island im Westen begrenzt.

Wir erreichen Pond Inlet. Die ersten Besucher kommen an Bord und heißen uns willkommen.

»Das Ende einer Dienstfahrt« – die DAGMAR AAEN nach der Durchfahrt der Nordwestpassage in Pond Inlet.

Unser Ziel ist die Siedlung Pond Inlet, die quasi das östliche Ende der Nordwestpassage markiert. Noch einmal macht uns das Eis einen Strich durch die Rechnung. Auf halbem Weg versperrt es uns die Weiterfahrt, wir müssen umkehren und Bylot Island im Osten umfahren.

Am frühen Morgen des 27. September 2004 verlassen wir den Lancaster Sound und erreichen die Baffinbai. In etwa 600 Meilen Entfernung liegt Grönland – wir haben die Nordwestpassage durchfahren. So richtig begreifen tun wir es erst später. Auch wenn ich ins Logbuch in großen Buchstaben schreibe: *»Ende der Durchfahrung der Nordwestpassage in West-Ost-Richtung«* – die Bedeutung dieser Worte hat sich mir noch nicht richtig offenbart.

Am Abend erreichen wir Pond Inlet. Auch hier treffen wir auf Eis, Kälte und Schneetreiben – aber eben auch auf Menschen, die uns begrüßen, Freunde, die auf uns warten, um die Reise mit uns fortzusetzen. Derweil hat David unter Mühen den Lancaster Sound erreicht, der Eisbrecher ist weiter nach Resolute Bay gefahren, während die POLAR BOUND verzweifelt versucht, durchs Neueis zu kommen. Irgendwann geht auch das nicht mehr. Ein anderer Eisbrecher muss ihm abermals sechs Stunden Geleit geben, bevor er endlich offenes Wasser erreicht.

Wir sind zu diesem Zeitpunkt schon längst wieder auf See in Richtung Grönland. Dort, in Sisimiut, werden wir auf David und die POLAR BOUND warten. Dann liegen noch weitere 3000 Seemeilen zwischen Sisimiut und Hamburg. Jahreszeitlich bedingte Stürme und Eisberge werden uns noch vor einige Prüfungen stellen. Aber das ist eine andere Geschichte. Die Nordwestpassage liegt hinter uns!

Die Baffinbai wartet im Oktober mit stürmischen Winden auf. In der aufgewühlten See müssen wir extrem sorgfältig auf Treibeis achten. Unter

Sturmfock und dreifach gerefftem Groß wirkt die DAGMAR AAEN nach der langen und beschwerlichen Eisfahrt wie befreit (Doppelseite 216/217).

Nachwort

Am 11. November 2004, nach rund zweieinhalb Jahren Abwesenheit und zirka 20 000 Seemeilen sowie einer kompletten Nordpolumrundung, läuft die DAGMAR AAEN um 13 Uhr in den Hamburger Hafen ein. Der Empfang, der uns dort erwartet, ist überwältigend: Wasserschutzpolizei und Zoll geben uns Geleit, allen voran ein Feuerlöschboot, das aus allen Rohren Fontänen verspritzt, Barkassen mit Journalisten und Freunden, der alte Lotsenschoner ELBE 5 begleitet uns, auf der RICKMER RICKMERS wird Salut geschossen, die CAP SAN DIEGO und andere Schiffe lassen ihre Typhone ertönen. Der Gaffelkutter HANNE MUNK geleitet uns sogar schon seit Glückstadt. Wir waren auf einiges gefasst, aber das übertrifft bei Weitem unsere Erwartungen. Brent, der zum ersten Mal in Deutschland ist, ist sprachlos über diesen Empfang. Wir alle sind – ich sage, wie es ist – ergriffen. Eine Traube von Menschen steht erwartungsvoll am Anleger des City Sporthafens, eine

Pressekonferenz folgt, und dazwischen dümpelt der eigentliche Star, als wäre das alles gar nichts Besonderes gewesen – die DAGMAR AAEN. Dreiundsiebzig Jahre ist sie zu diesem Zeitpunkt alt. Ein Musterbeispiel dänischer Schiffbaukunst, für uns weit mehr als nur ein Vehikel. Der Lack verschrammt, das Holz ein wenig dunkel und verwittert, aber technisch völlig in Ordnung hat sie eine Reise absolviert, die nur ganz wenige Parallelen kennt. Wie viele Jahre meines Lebens habe ich schon auf diesem Schiff verbracht? Wie viele Momente intensiv erlebt? Derer gab es wahrlich viele – besonders auf der zurückliegenden Reise. Die Eindrücke bleiben ein Leben lang, die damit verbundenen Bilder vor dem geistigen Auge auch. Manche Fragen wurden beantwortet, andere bleiben offen, neue wurden aufgeworfen. Die Komplexität solcher Reisen klingt lange in einem nach.

Und die Klimaveränderung? Während wir uns durch die Nordwestpassage gekämpft haben, waren zeitgleich zwei Yachten in der Nordostpassage unterwegs. Die Yacht des Holländers Henk de Velde verlor im Sommer 2004 im Eis das Ruder und musste von einem russischen Frachter abgeborgen werden. Die irische Yacht NORTHABOUT schaffte es im selben Jahr von der Bering-

Am 11. November 2004 läuft die DAGMAR AAEN nach rund zweieinhalb Jahren und nach einer kompletten Nordpolumrundung im Hamburger Hafen ein. Der Empfang ist überwältigend.

Freunde überreichen uns auf der Elbe einen Will-kommensgruß und eine kleine »Stärkung«.

straße bis nach Chatanga. Eine Weiterfahrt ließ das Eis nicht zu, sodass sie dort überwintern musste. Bei Drucklegung des Buches waren sie noch nicht wieder in Fahrt. Von Peter aus Cambridge Bay erreicht mich die Nachricht, dass in 2005 noch mehr Yachten durch die Nordwestpassage wollen – ob sie alle wirklich wissen, was sie dort erwartet? Ich glaube die Diskussion ums Global Warming hat einige Menschen etwas zu sorglos und leichtfertig werden lassen. Nach dem Motto: Das Eis ist weg, machen sie sich auf den Weg, als wäre es ein Törn nach Norwegen. Das Problem der Klimaveränderung ist aber viel subtiler und vielschichtiger. Während es in der kanadischen Arktis offenbar weiterhin kalt bleibt, stellten sich die Verhältnisse in Grönland wieder ganz anders dar. Dort tauen die Gletscher in einem geradezu atemberaubenden Tempo ab. Der russische Wissenschaftler Prof. Bobylev hat

unlängst gesagt: »Seit 1978 hat sich in der Arktis die Eismenge, die den Sommer überlebt, halbiert. Bis zum Jahr 2090 wird der Nordpol im Sommer eisfrei sein.« Die Grafiken zeigen mehr als deutlich, was sich in der Arktis derzeit abspielt. Das Szenario des Films »The Day after Tomorrow« wird gottlob wohl noch auf sich warten lassen. Dennoch haben Wissenschaftler jetzt Anzeichen für eine Verlangsamung des Golfstromes , der als die Heizung Europas bezeichnet wird, gefunden. Peter Wadhams, Professor für Meeresphysik von der Uni in Cambridge, hat unlängst bei einem Treffen der European Geoscience Union in Wien erläutert: »Die Schwächung der Meeresströmung, die vermutlich durch die Erderwärmung ausgelöst wurde, könnte in den nächsten Jahrzehnten zu einem durchschnittlichen Temperaturabfall von bis zu acht Grad in Nordwesteuropa führen. Bis vor kurzem gab es riesige Kamine im Grönländischen Meer, in denen kaltes, dichtes Wasser von der Oberfläche zum 3000 Meter tiefen Meeresboden sank. Warmes Wasser floss nach, und es entstand die Strömung. Doch die Kamine sind so gut wie verschwunden. Verlangsamt sich dieser Mechanismus, wird weniger Wärme nach Europa transportiert. Dies könnte dramatische Auswirkungen auf Nordeuropa haben.« (Hamburger Abendblatt, 10.05.2005)

Es ist mir bewusst, dass die Erfahrung, wie schwer oder leicht sich eine Fahrt mit einem Segelschiff auf den polaren Routen darstellt, nur sehr bedingt als Indikator für den Klimawechsel taugt. Aber die Summe aller Auswertungen und Erfahrungen lassen keinen anderen Schluss zu: Das Klima verändert sich! Deshalb bleibt die

Nordwestpassage trotzdem für kleine Schiffe zumindest noch für viele Jahre ein ernst zu nehmendes Risiko, das man keinesfalls auf die leichte Schulter nehmen darf. Die DAGMAR AAEN ist das insgesamt 98. Schiff (siehe Anhang) gewesen, das die Passage durchfahren hat. Auch heute noch lässt mich die Erinnerung an die Fahrt nicht los. Immer wieder ertappe ich mich dabei, wie ich übers Internet die neusten Eiskarten abrufe und studiere. Obwohl der Frühling dieses Jahr etwa zwei Wochen früher aufgezogen ist als im vergangenen Jahr, sieht es auch im Sommer 2005 für kleine Schiffe und Yachten nicht sehr gut aus. Das alte Eis der vorangegangenen Jahre liegt dicht gepackt und massiv im Larsen Sound. Der Eisaufbruch wird – wenn überhaupt – erst spät im Jahr erfolgen. Und dann wird es immer noch schwer werden, einen Weg durch die dichten Eisfelder zu finden. Ob die Skipper und Crews der Yachten und die Boote selbst ausreichend vorbereitet worden sind, bevor sie sich auf den vermeintlich leichten Weg nach Norden gemacht haben?

Respekt vor der Natur brauchen aber nicht nur wagemutige Segler, sondern auch die Industrieländer – brauchen wir letztlich alle. Denn auch wenn der Klimawandel vielleicht zum Teil auf eine Laune der Natur zurückzuführen ist – der Mensch leistet durch die Emissionen einen nicht zu vernachlässigenden Beitrag. Es liegt an uns, ob wir das ändern wollen oder nicht. Diese Tatsache hat auch etwas mit gesellschaftlicher Verantwortung zu tun – gegenüber uns, sowie in einem größeren Maße gegenüber den uns nachfolgenden Generationen. Die Folgen des Klimawandels haben längst auch auf unseren Lebensraum übergegriffen, wie ich unlängst bei einem Skiurlaub auf dem Stubaier Gletscher feststellen konnte: Der Gletscher wird dort – wie auch andere Alpengletscher – in weiße Folien eingepackt, um ihn vor dem Abschmelzen zu bewahren. Auf Grönland gibt es viele sehr nachdenklich Menschen, die sich über die spürbaren Veränderungen ihrer arktischen Landschaft Gedanken machen. Ohne dramatisieren zu wollen – wir werden uns wohl drauf einstellen müssen, dass das Thema Klimaveränderung für uns eine zunehmende Bedeutung gewinnen wird.

Zu guter Letzt noch ein paar erklärende Worte: Ich habe in dem vorliegenden Buch bewusst darauf verzichtet, genauer auf die Abläufe an Bord der DAGMAR AAEN einzugehen, und auch nicht jeden einzelnen aus der Crew vorgestellt oder namentlich genannt. Weder halte ich das Bordleben für nicht erwähnenswert noch möchte ich Leistung des Einzelnen unterschlagen. Aber die Bordroutine habe ich in meinem anderen Büchern schon so häufig beschrieben, dass ich glaube an dieser Stelle einmal darauf verzichten zu können. Und was die Crew angeht: Ihr ist der Erfolg zusammen mit all jenen, die uns zu Lande und zu Wasser in unterschiedlichster Form gefördert und unterstützt haben, zu verdanken. Ich bin der Erzähler, der Teamleiter, der Skipper. Aber weder gäbe es etwas zu erzählen noch lägen wir wieder wie selbstverständlich im Hamburger Hafen, wenn nicht das Team gewesen wäre. Gemessen an der Summe aller Einzelleistungen nimmt sich mein persönlicher Einsatz bescheiden aus. Ich habe einfach Glück, zum Team dazuzugehören. Deshalb gilt mein ganz besonderer Dank dem Team – zu Lande wie zur See!

Arved Fuchs

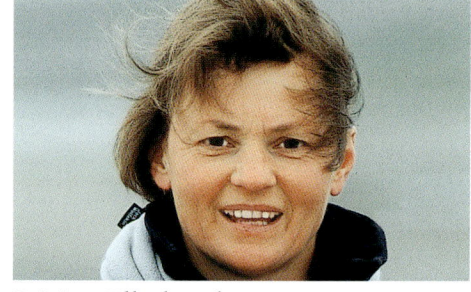

Brigitte Ellerbrock

Ian Balmer

Brent Boddy

Scott Darsney

Elise Fleer

Egon Fogtmann

Ole Fogtmann

Martin Friederichs

Ralf Gemmecke

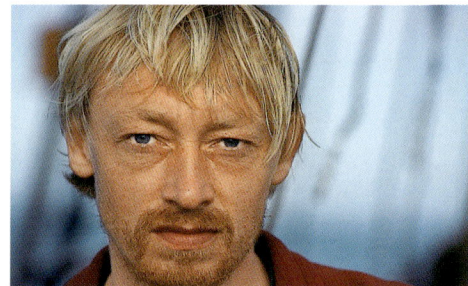

Torsten Heller

Rainer Herzberg

Lars Jessen

Achim Karpus

Die Crewmitglieder

Martina Kurzer

Uschi Latus

Frank Mertens

Christian Müller-Ramcke

Birgit Radebold

Helmut Radebold

Wolfgang Reetz

Gunther Scholz

Tillman Schulze

Doug Stern

John Wonnacot

Markus Zatrieb

Die Nordwestpassage –
Anmerkungen zur Geschichte

Die erste aufgezeichnete Reise auf der Suche nach der Passage wurde von John und Sebastian Cabot gegen Ende des 15. Jahrhunderts unternommen. Anschließend wurden zahlreiche Expeditionen mit demselben Ziel ausgesandt, anfangs durch die Hudsonstraße und die Hudsonbai, bevor letztere sich als Bucht erwies. Es dauerte dennoch bis zum Anfang des 20. Jahrhunderts, bis Amundsen die erfolgreiche Erstdurchquerung schaffte, obwohl man sich der Existenz einer durchgehenden Seeroute schon vorher bewusst war.

Eine Aufzählung der wichtigsten Expeditionen im Überblick:

1576–78 Martin Frobisher beendete drei Reisen zum südöstlichen Ende von Baffin Island, hauptsächlich auf der Suche nach wertvollen Erzen, entdeckte dabei die Frobisher Bay.

1585–88 John Davis unternahm drei Reisen zur Davisstraße und entdeckte den Cumberland Sound.

1610–11 Henry Hudson durchfuhr die Hudsonstraße und entdeckte die Hudsonbai, wurde zur Überwinterung in deren Südspitze gezwungen. Nach einer Meuterei 1611 wurde er in einem offenen Boot ausgesetzt und nie wieder gesehen.

1612 Sir Thomas Button fuhr auf der Suche nach Henry Hudson bis zur Westseite der Hudsonbai und musste in Port Nelson überwintern.

1613 Sir Thomas Button erforschte die nordwestliche Ecke der Hudsonbai und den Roes Welcome Sound.

1615 Robert Bylot und William Baffin erreichten den Foxe Channel durch die Hudsonstraße.

1616 Bylot and Baffin erreichten den offenen Smith Sound und entdeckten den Jones Sound und den Lancaster Sound.

1631–32 Kapitän Thomas James erreichte die James Bay, wo er überwinterte; Kapitän Luke Foxe fuhr in die westliche Hudsonbai und anschließend in den Foxe Channel, entdeckte das Foxe-Becken, bevor er nach England zurückkehrte, die erste Reise ohne Verlust an Menschenleben.

1719 Kapitän James Knight erforschte die nordwestliche Ecke der Hudsonbai, erlitt Schiffbruch vor Marble Island;

erst 1767 wurde festgestellt, dass die gesamte Expedition umgekommen war.

1741–42 Kapitän Christopher Middleton entdeckte Wager Bay und Repulse Bay, überwinterte in Churchill.

1746 Kapitän Moor und Kapitän Francis Smith entdeckten das Chesterfield Inlet.

1769–71 Samuel Hearne von der Hudson's Bay Company reiste über Land auf der Suche nach Kupfer, erreichte die Mündung des Coppermine River, bevor er nach Churchill zurückkehrte.

1789 Alexander Mackenzie von der Nord-West-Company reiste über Land, erreichte den Mackenzieriver und fuhr ihn hinunter bis zum arktischen Ozean.

1818 Forschungsreise von Commander John Ross mit der H.M.S. Isabella und Leutnant W. E. Parry mit der H.M.S. Alexander zur Davisstraße und der Baffinbai; beide fuhren bis zum Eingang des Lancaster Sound.

1819–20 Leutnant Parry mit der H.M.S. Hecla und Leutnant Liddon mit der H.M.S. Griper durchfuhren den Parry Channel bis zum Eingang der McClure Strait, entdeckten das Prince Regent Inlet und andere Seewege zu beiden Seiten des Channels. Die Expedition überwinterte in Winter Harbour an der Südküste von Melville Island. Parry wurde anschließend mit dem Board of Longitude's Preis über £ 5000,– ausgezeichnet, da er der Erste war, der den 110. Längengrad in den nördlichen Breiten überquerte.

1820 Parry und Liddon segelten bis 113°47' W, danach erforschten sie das Land, sichteten Banks Island und benannten die Insel.
Auf der Rückkehr nach England entdeckten sie das Admiralty Inlet, Navy Board Inlet und Pond Inlet.

1821–23 Parry erforschte mit seinen Schiffen Fury und Hecla die Westseite vom Foxe Basin und der Fury and Hecla Strait und war in Sichtweite des Gulf of Boothia.

1824–25 Parry erforschte mit der Fury und der Hecla den nördlichen Teil vom Prince Regent Inlet und überwinterte in Port Bowen.

1825 Parry erforschte den südlichen Teil vom Prince Regent Inlet. Die Fury wurde bei Fury Beach aufgegeben, nachdem das Schiff im Eis erhebliche Schaden erlitt. Rückkehr nach England mit der Hecla.

Zeitgleich mit den Expeditionen zur östlichen Arktis zwischen 1819 und 1825 erreichten Kapitän John Franklin und weitere Forscher die Mündung des Coppermine River nach einer Überlandreise von der Hudsonbai kommend; anschließend fand eine Gruppe per Kanus die Südküste vom Coronation Gulf und kam bis zum Turnagain Point.
Franklin erforschte das Festland von der Küste bis 160 Meilen vor Point Barrow, welches von Westen her unter der Leitung von Kapitän Beechy mit der H.M.S. Blossom erreicht wurde.

1829–32 Kapitän John Ross fuhr mit der VICTORY durch das Prince Regent Inlet und erreichte den Gulf of Boothia, wo das Schiff einfror und 1832 aufgegeben wurde. Während dieser Zeit wurde die Lage des Magnetischen Nordpols von James Clark Ross, einem Neffen von John Ross, festgelegt, jedoch scheiterte der Versuch, die Bellot Strait zu finden, womit eine Verbindung der West- und Ostseite der arktischen Gewässer ge funden werden sollte.

1832–33 Kapitän John Ross überwinterte in Fury Beach und benutzte dabei die Vorräte der verlassenen FURY. Er wurde von der H.M.S. ISABELLA an der Nordküste von Bylot Island gerettet und kehrte nach England zurück.

1836–39 P. W. Dease und Thomas Simpson von der Hudson's Bay Company setzten die Forschungen fort und schlossen einige Lücken in der Bestandsaufnahme des Verlaufes der kanadischen Nordküste zwischen Fury and Hecla Strait und Alaska. Ihre Reise war die längste bisher da gewesene in einem Boot in arktischen Gewässern und kostete zudem kein Menschenleben.

1845–48 Obwohl bis dato feststand, dass die Nordwestpassage von geringer kommerzieller Bedeutung war, wurden Sir John Franklin mit der EREBUS und Kapitän Crozier mit der TERROR von der britischen Admiralität ausgesandt, um die Suche südwestlich und südlich des Lancaster Sounds fortzusetzen. Jahre- lang kamen keine Nachrichten von der Expedition, trotzdem wurde anschlie- ßend festgestellt, dass beide Schiffe den Wellington Channel, Crozier Strait und den McDougall Sound durchfuhren hat- ten, bevor sie in Beechey Island über- winterten (1845–46).

Im folgenden Jahr wurde der Peel Sound durchfahren bis zum Eingang in die Victoria Strait, wo beide Schiffe einfroren und anschließend verloren gingen, 1848 wurden sie verlassen. Franklin starb bereits 1847; die Über- lebenden kamen bei dem Versuch ums Leben, sich vom Süden King William Islands aus zu Fuß durchzuschlagen. Im Ablauf dieser letzten Reise schlos- sen sie die letzte Lücke der Nordwest- passage.

1846–47 Dr. John Rae von der Hudson's Bay Company erforschte Committee Bay und den südlichen Teil des Gulf of Boo- thia und vervollständigte damit fast die komplette Erfassung der arktischen Küste von Nordamerika.

1848–59 Während dieser Zeit wurden zahlreiche Hilfsexpeditionen ausgesandt, um so- wohl im Osten als auch im Westen der Arktis nach Sir John Franklin und sei- nen Schiffen zu suchen. Darunter auch die Schiffe ENTERPRISE und INVESTIGA- TOR (1848–49) unter dem Kommando von Kapitän Sir James Clark Ross; 1850 ein Geschwader unter dem Kommando von Kapitän Horatio Austin mit der RESOLUTE; Kapitän Charles Forsyth im

Auftrag von Lady Franklin mit der PRINCE ALBERT und Kapitän William Penny, ein erfahrener Walfangkapitän, mit der SOPHIA.

Diese und nachfolgende Suchexpeditionen fanden vier mögliche Routen durch die Nordwestpassage und erforschten sowie erfassten weitere große Teile der arktischen Südküste in einer Linie vom Jones Sound bis zur Prince Patrick Island. Zu den wichtigeren Suchexpeditionen zählte jene von William Kennedy mit der PRINCE ALBERT, während 1852 der französische Offizier Joseph Bellot die später nach ihm benannte Bellot Strait entdeckte.

1850–54 Kapitän Robert McClure durchfuhr mit seiner INVESTIGATOR während der Suche nach Franklin vom Westen aus die McClure Strait, wo er 1852–53 überwinterte.

1851–55 Kapitän Richard Collinson überwinterte während der Suche nach Franklin im Westen der Arktis, er erreichte das südliche Ende des McClintock Channel, bevor er nach England zurückkehrte, dabei umsegelte er das Kap der guten Hoffnung und umrundete somit den Erdball.

1852–54 Kapitän Sir Edward Belcher wurde mit seinen Schiffen ASSISTANCE und PIONEER zusammen mit Kapitän Henry Kellett und seinen Schiffen RESOLUTE und INTREPID von der britischen Admiralität ausgesandt, um die letzte und größte Suche nach Franklin zu beginnen.

Ebenso sollte McClure gesucht werden, der die INVESTIGATOR in der McClure Strait verlassen musste und 1853 gerettet wurde. Belcher entdeckte die Inseln in der Norwegian Bay, jedoch froren alle vier Schiffe ein und mussten in der Nähe des Wellington Channels verlassen werden, die Mannschaften kehrten mit einem Hilfsgeschwader unter dem Kommando von Edward Inglefield nach England zurück.

1853 Dr. John Rae, der die Südküste der Boothia Peninsula erfasste, bekam von den Einheimischen vor Ort Tafelsilber und andere Beweise von Franklins Verhängnis und erhielt von der britischen Regierung eine Belohnung von £ 10 000,–.

1857–59 Kapitän Leopold McClintock setzte die Suche im Auftrag von Lady Franklin mit der FOX fort, er fand den einzigen schriftlichen Beweis der Expedition an der Westküste von King William Island und wies damit nach, dass Franklin die Passage entdeckt hatte.

1903–06 Mit der GJØA durchfuhr Amundsen die Nordwestpassage, indem er bis zum Larsen Sound und von Gjoa Haven aus weitersegelte.

1906–10 Kapitän Joseph Bernier vollendete zahlreiche Fahrten in der Arktis mit dem kanadischen Regierungsschiff ARCTIC, um die kanadische Souveränität zu wahren. Am 1. Juli 1909 enthüllte er in Winter Harbour auf Parry's Rock eine Gedenktafel anlässlich der »vollständigen Aneignung der arktischen Insel-welt«.

1913–18 Die kanadische Arktis-Expedition unter der Leitung des Anthropologen Vilhjal-mur Stefansson legte die genauen Um-risse der kanadisch-arktischen Insel-welt fest.

1940–42 Sergeant Henry Larsen schaffte die erste Ost-West-Durchfahrung mit sei-nem Schoner ST. ROCH.

1944 Mit seiner ST. ROCH schaffte Henry Lar-sen die erste Durchfahrung der Nord-westpassage von Ost nach West in einer Saison.

1954 Der Eisbrecher LABRADOR vollendete die erste Durchfahrung der Passage mit einem Schiff mittleren Tiefgangs.

1957 Die US-Coast Guard Schiffe SPAR, STORIS und BRAMBLE vollendeten ihre Fahrt von West nach Ost gemeinsam.

1960 Das Atom-U-Boot SEA DRAGON folgte der Route von 1957, von Zeit zu Zeit taucht es unter dem Eis durch.

1960 Die MANHATTAN, ein eisverstärkter Tan-ker, durchfuhr die Passage von Ost nach West. Obwohl das Schiff von einem Eis-brecher eskortiert wurde, musste der Versuch, durch die McClure Strait zu fahren, aufgegeben werden, da man auf zu dichtes Packeis stieß.

Die Mythologie der eski-moischen Völker wird einem dann verständ-lich, wenn man die Land-schaften, das Licht, die Farben, die Kälte und die Schönheit auf seine eigene Seele einwirken lässt. Die Arktis erfahren heißt Verzicht üben und Demut lernen.

Durchquerungen der Nordwestpassage

(R.K. Headland, Scott Polar Research Institut, 01.10.2004)

Die folgenden 99 Reisen (67 Schiffe aus 17 verschiedenen Nationen) haben eine komplette Durchfahrung der Nordwestpassage bis zum Ende der Saison 2004 geschafft. Die Durchquerungen verliefen zum oder vom Atlantischen Ozean (Labradorsee) über den östlichen Ausgang (bzw. Zugang) der kanadisch-arktischen Inselwelt (Lancaster Sound oder Fox Basin) und den westlichen Zugang bzw. Ausgang (McClure Strait oder Amundsen Gulf), über die Beaufortsee und die Tschuktschensee des Arktischen Ozeans,

vom oder bis zum Pazifik (Beringsee). Die sieben verschiedenen Routen sind angezeigt, jede signifikante Variante ist gekennzeichnet. Einige Fahrten wurden unterbrochen, weil die Mannschaft das Schiff im Winter verließ. Angaben von U-Boot-Fahrten sind nicht aufgelistet, weil lediglich zwei (Uss SEADRAGON 1960 und Uss SKATE 1962) aufgezeichnet wurden und es heute keine U-Boot-Fahrten mehr gibt. Die Indexziffern geben die Anzahl der Durchfahrungen an.

	Jahr	Schiff	Nation	Kapitän	Route
1	1903–06	GJØA	Norwegen	Roald E.G. Amundsen	West 4
		(21 m, Schoner mit Hilfsantrieb)	*Überwinterung: zwei Winter in Gjoa Haven und einen Winter in King Point.*		
2	1940–42	ST. ROCH[1]	Kanada[1]	Henry Asbjørn Larsen[1]	Ost 6
		(29,7 m, Schoner mit Hilfsantrieb)	*Überwinterung in Walker Bay und Pasley Bay, durchquerte Pond Inlet.*		
3	1944	ST. ROCH[2]	Kanada[2]	Henry Asbjørn Larsen[2]	West 2
		(Schoner)	*Rückkehr, erste Durchfahrung in einer Saison, durchquerte Pond Inlet.*		
4	1954	HMCS LABRADOR	Kanada[3]	Owen Connor S. Robertson	West 2
		(Eisbrecher)	*Erste ununterbrochene Umfahrung Nordamerikas*		
5	1957	USCGC STORIS	USA[1]	Harold L. Wood	Ost 6
		(Eisbrecher)			
6	1957	USCGC BRAMBLE	USA[2]	H. H. Carter	Ost 6
		(Tonnenleger)			
7	1957	USCGC SPAR	USA[3]	C. V. Crewing	Ost 6
		(Tonnenleger)	*STORIS wurde eskortiert von BRAMBLE und SPAR.*		

8	1967	CCGS JOHN A. MCDONALD (Eisbrecher)	Kanada[4]	Paul M. Fournier	West 3
			Wurde der USCGC NORTHWIND zur Hilfe gesandt, diese lag 900 km nördl. von Point Barrow mit zerstörter Schraube fest.		
9	1969	USCGC STATEN ISLAND (Eisbrecher)	USA[4]	Eugene F. Walsh	Ost 3
			Eskortierte den Öltanker MANHATTAN auf dessen Rückkehr von Point Barrow.		
10	1970	CSS BAFFIN (Forschungs-Eisbrecher)	Kanada[5]	P. Brick	Ost 2
11	1970	CSS HUDSON [1]	Kanada[6]	David W. Butler	Ost 2
			Erste Umrundung beider Kontinente Amerikas.		
12	1975	PANDORA II [1] (hydrografisches Forschungsschiff)	Kanada[7]	R. Dickinson	Ost 7
13	1975	THETA (Forschungsschiff)	Kanada[8]	K. Maro	Ost 7
14	1975	CSS SKIDGATE (Tonnenleger)	Kanada[9]	Peter Kallis	Ost 6
15	1976	CCGS J.E.BERNIER [1] (Eisbrecher)	Kanada[10]	Paul Pelland	Ost 3
16	1977	WILLIWAW (13 m, Yacht)	Niederlande	Willy de Roos	West 4
			Anschließend Umrundung beider Kontinente Amerikas.		
17	1978	CCGS PIERRE RADISSON (Eisbrecher)	Kanada[11]	Patrick M.R. Toomey	Ost 2
18	1976–79	CCGS J.E.BERNIER II (10 m, Yacht)	Kanada[12]	Réal Bouvier	West 4
			Überwinterung in Holsteinburg, Resolute und Tuktoyaktuk.		
19	1979	CANMAR KIGORIAK (Eisbrecher)	Kanada[13]	C. Cunningham	West 2
20	1979	CCGS LOUIS S. ST. LAURENT (Eisbrecher)	Kanada[14]	George Burdock	West 2
			Umrundung Nordamerikas.		
21	1980	CCGS J.E.BERNIER[2] (Eisbrecher)	Kanada[15]	E. Chasse	Ost 4
22	1980	PANDORA [2] (hydrografisches Überwachungsschiff)	Kanada[16]	R. A. Jones	Ost 4
23	1981	CSS HUDSON [2] (Forschungs-Eisbrecher)	Kanada[17]	F. Mauger	Ost 3

24	1979–82	MERMAID *(15 m, Yacht)*	Japan *Erste Einhand-Durchquerung, Überwinterung in Resolute und in Tuktoyaktuk.*	Kenichi Horie	West 6
25	1983	ARCTIC SHIKO *(Schlepper)*	Kanada[18]	S. Dool	Ost 3
26	1983	POLAR CIRCLE *(Forschungsschiff)*	Kanada[19]	J. A. Strand	Ost 4
27	1983–88	BELVEDERE *(18 m, Yacht)*	USA[5] *Erreichte Tuktoyaktuk 1983, leitete Walforschungen bis 1987, vollendete Durchquerung 1988, durchquerte Pond Inlet.*	John Bockstoce	Ost 6
28	1983–90	IKALUK [1] *(Eisbrecher)*	Kanada[20] *Erreichte Beaufortsee 1983, arbeitete dort bis 1990.*	R. Cormier[1]	Ost 3
29	1984	LINDBLAD EXPLORER [1] *Eisverstärktes Kreuzfahrtschiff*	Schweden *Erste Passagierfahrt[1].*	Hasse Nilsson	West 4
30	1982–85	VAGABONDII [1] *(23 m, Yacht)*	Frankreich[1] *Überwinterung in Arctic Bay, Gjoa Haven, Tuktoyaktuk, Fahrt ostwärts in 1986–88.*	W. Jacobsen[1]	West 6
31	1985	USCGC POLAR SEA [1] *(Eisbrecher)*	USA[6] *Begleitet von CCGS JOHN A. MCDONALD auf Teilstrecke.*	John T. Howell	West 2
32	1985	WORLD DISCOVERER *(Kreuzfahrtschiff)*	Singapur *Passagierfahrt[2], durchquerte Pond Inlet.*	Heinz Aye[1]	Ost 4
33	1976–88	CANMAR EXPLORER II	Kanada[21] *Erreichte Beaufortsee 1976, um dort Ölförderarbeiten (Bohrschiff) durchzuführen, blieb dort bis zur Weiterfahrt.*	Ronald Colby	West 3
34	1986–88	VAGABOND II [2] *(23 m, Yacht)*	Frankreich[2] *Überwinterung: 2-mal in Gjoa Haven, Fahrt westwärts 1982–85.*	W. Jacobsen[2]	Ost 6
35	1986–89	MABEL E. HOLLAND *(12,8 m, Yacht)*	Großbritannien[1] *Einhand-Durchquerung, Überwinterung: 2-mal in Fort Ross sowie in Inuvik.*	David Scott Cowper[1]	West 6
36	1988	CCGS HENRY A. LARSEN *(Eisbrecher)*	Kanada[22]	Stephen Gomes	Ost 3
37	1988	SOCIETY EXPLORER [2] *(Kreuzfahrtschiff)*	Bahamas[1] *Passagierfahrt[3], durchquerte Pond Inlet, vormals LINDBLAT EXPLORER.*	Heinz Aye[2]	Ost 3

38	1988	CCGS Martha L. Black (Eisbrecher)	Kanada[23]	Robert Mellis	Ost 3
39	1988	USCGC Polar Star[1] (Eisbrecher)	USA[7] _Begleitet von CCGS Sir John Franklin bis Demarcation Point._	Paul A. Taylor	Ost 3
40	1988–89	Northanger (15 m, Yacht)	Großbritannien[2] _Überwinterung in Inuvik._	Richard Thomas	West 4
41	1989	USCGC Polar Star[2] (Eisbrecher)	USA[8] _Begleitet von CCGS Sir John Franklin bis Demarcation Point._	Robert Hammond	West 3
42	1990	USCGC Polar Sea[2] (Eisbrecher)	USA[9] _Begleitet von CCGS Pierre Radisson bis Demarcation Point._	Joseph J. McCleland	West 3
43	1990	Terry Fox (Eisbrecher)	Kanada[24]	P. Kimmerley	Ost 3
44	1991	Canmar Tuggar (Schlepper)	Kanada[25]	L. Lorengeek	Ost 3
45	1992	Frontier Spirit[1] (Kreuzfahrtschiff)	Bahamas[2] _Passagierfahrt[4], durchquerte Pond Inlet._	Heinz Aye[3]	West 3
46	1992	Ikaluk[1] (Eisbrecher)	Kanada[26]	R. Cormier[2]	West 3
47	1992	Kapitan Khlebnikov[1] (Eisbrecher)	Russland[1] _Passagierfahrt[5]._	Piotr Golikov[1]	Ost 3
48	1993	Kapitan Khlebnikov[2] (Eisbrecher)	Russland[2] _Passagierfahrt[6]._	Piotr Golikov[2]	Ost 3
49	1993	Frontier Spirit[2] (Kreuzfahrtschiff)	Bahamas[3] _Passagierfahrt[7]._	Heinz Aye[4]	West 3
50	**1993**	**Dagmar Aaen[1] (18 m, Kutter)**	**Deutschland[1]**	**Arved Fuchs[1]**	**West 5**
51	1994	Kapitan Khlebnikov[3] (Eisbrecher)	Russland[3]	Piotr Golikov[3]	Ost 3
52	1994	Kapitan Khlebnikov[4] (Eisbrecher)	Russland[4] _Rückkehr von Fahrt 51, Passagierfahrt[8, 9]._	Piotr Golikov[4]	West 2
53	1994	Hanseatic[1] (Kreuzfahrtschiff)	Bahamas[4] _Passagierfahrt[10]._	Hartwig van Harling[1]	West 3

54	1994	ITASCA *(Schlepper)*	Großbritannien[3]	Allan Jouning	Ost 4
55	1995	KAPITAN KHLEBNIKOV [5] *(Eisbrecher)*	Russland[5] *Passagierfahrt[11].*	Viktor Vasiliev[1]	Ost 5
56	1995	CCGS ARCTIC IVIK [1] *(Eisbrecher)*	Kanada[27]	Norman Thomas[1]	Ost 5
57	1995	CCGS ARCTIC IVIK [2] *(Eisbrecher)*	Kanada[28] *Hin- und Rückfahrt nach und von Kap York.*	Robert Mellis[1]	West 5
58	1995	CANMAR IKALUK [2] *(Eisbrecher)*	Kanada[29] *Vormals IKALUK.*	D. Connolly	Ost 3
59	1995	DOVE III *(8,2 m, Yacht)*	Kanada[30] *Das kleinste Schiff, das je die Passage durchquert hat.*	Winston Bushnell	Ost 3
60	1995	CANMAR MISCAROO *(Eisbrecher)*	Kanada[31]	D. W. Harris	Ost 3
61	1995	HRVATSKA CIGRA *(19,8 m, Yacht)*	Kroatien	Mladan Sutej	West 5
62	1996	KAPITAN DRANITSYN 1 *(Eisbrecher)*	Russland[6] *Passagierfahrt[12].*	Oleg Agafonov	Ost 5
63	1996	CCGS SIR WILFRIED LAURIER *(Eisbrecher)*	Kanada[32] *Begleitet von CCGS LOUIS S. ST. LAURENT auf Teilstrecke, durchquerte Pond Inlet.*	Norman Thomas[2]	Ost 5
64	1996	HANSEATIC [2] *(Kreuzfahrtschiff)*	Bahamas[5] *Passagierfahrt[13], lief auf Grund in der Simpson Strait, eskortiert von CCGS HENRY A. LARSEN zur Victoria Strait.*	Hartwig van Harling[2]	West 3
65	1996	CANMAR SUPPLIER II *(Versorgungsschiff)*	Kanada[33]	P. Dunderdale	Ost 3
66	1996	ARCTIC CIRCLE *(Schlepper)*	Kanada[34]	J. McCormick	Ost 3
67	1997	HANSEATIC [3] *(Kreuzfahrtschiff)*	Bahamas[6] *Passagierfahrt[14], eskortiert von CCGS HENRY A. LARSEN.*	Heinz Aye[5]	West 3
68	1997	KAPITAN KHLEBNIKOV [6] *(Eisbrecher)*	Russland[7] *Passagierfahrt[15].*	Viktor Vasiliev[2]	Ost 3

69	1997	ALEX GORDON (Schlepper)	Kanada[35] *Eskortiert von CCGS SIR WILFRIED LAURIER zur Franklin Strait und weiter von CCGS PIERRE RADISSON.*	Paul Misata	Ost 5
70	1997	SUPPLIER (Schlepper)	Bahamas[7] *Eskortiert von CCGS TERRY FOX zur Victoria Strait.*	Allan Guenter	Ost 5
71	1998	KAPITAN KHLEBNIKOV [7] (Eisbrecher)	Russland[8] *Passagierfahrt[16].*	Piotr Golikov[5]	Ost 3
72	1998	HANSEATIC [4] (Kreuzfahrtschiff)	Bahamas[8] *Passagierfahrt[17], eskortiert von CCGS SIR JOHN FRANKLIN zur Victoria Strait, durchquerte Pond Inlet.*	Heinz Aye[6]	Ost 3
73	1999	ADMIRAL MAKAROV (Eisbrecher)	Russland[9] *Dock im Schlepptau.*	Vadim Akholodenko	Ost 3
74	1999	IRBIS (Schlepper)	Russland[10] *Dock im Schlepptau, beide fuhren zusammen, jedes Schiff hatte ein schwimmendes Stahldock im Schlepptau, von Korea in die Karibik.*	Aleksandr Aleksenko	Ost 3
75	1999	KAPITAN DRANITSYN [2] (Eisbrecher)	Russland[11] *Passagierfahrt[18], Arktisumrundung.*	Viktor Terekhov[1]	West 3
76	2000	USCGC HEALY [1] (Eisbrecher)	USA[10]	Jefferey M. Garrett	West 3
77	2000	HANSEATIC [5] (Kreuzfahrtschiff)	Bahamas[9] *Passagierfahrt[19], durchquerte Pond Inlet.*	Thilo Natke[1]	West 3
78	2000	KAPITAN DRANITSYN [3] (Eisbrecher)	Russland[12] *Passagierfahrt[20], Arktisumrundung.*	Viktor Terekhov[2]	West 3
79	2000	NADON [ST. ROCH II] (17,7 m, Katamaran)	Kanada[36] *Reise zur Erinnerung der Fahrt der ST. ROCH 1940–42.*	Kenneth Burton	Ost 6
80	2000	SIMON FRASER (Eisbrecher)	Kanada[37] *Vormals CCGS, eskortierte NADON.*	Robert Mellis[2]	Ost 6
81	2000	EVOHE (25 m, Yacht)	Neuseeland	Stephen Kafka	Ost 6
82	2001	KAPITAN KHLEBNIKOV [8] (Eisbrecher)	Russland[13] *Passagierfahrt[21].*	Viktor Vasiliev[3]	Ost 3

83	2001	KAPITAN KHLEBNIKOV [9] (Eisbrecher)	Russland[14] Passagierfahrt[22].	Viktor Vasiliev[4]	West 1
84	2001	TURMOIL (46 m, Yacht)	Cayman Inseln	Philip Walsh	West 4
85	2001	NORTHABOUT (14,9 m, Yacht)	Irland	Patrick Barry	West 3
86	2001–02	LE NUAGE (12,8 m, Yacht)	Frankreich[3] Mannschaft bestehend aus Mutter und Tochter, Überwinterung in Cambridge Bay.	Michèle Demai	Ost 3
87	2002	KAPITAN KHLEBNIKOV [10] (Eisbrecher)	Russland[15] Passagierfahrt[23]	Piotr Golikov[6]	Ost 3
88	2002	SEDNA IV (51 m, Yacht)	Kanada[38]	Stéphan Guy	West 5
89	2002	APOSTOL ANDREY (16,2 m, Yacht)	Russland[16] Begleitet von CCGS LOUIS S. ST. LAURENT durch das Prince Regent Inlet, ursprünglich geplante Reise durch die NOP.	Nikolay Litau	Ost 5
90	2002	ARCTIC KALVIK (Eisbrecher)	Barbados	Sanjeev Kumar	Ost 3
91	2002	HANSEATIC [6] (Kreuzfahrtschiff)	Bahamas[10] Passagierfahrt[24], durchquerte Pond Inlet.	Thilo Natke[2]	West 3
92	2003	KAPITAN KHLEBNIKOV [11] (Eisbrecher)	Russland[17] Passagierfahrt[25].	Viktor Vasiliev[5]	Ost 5
93	2003	BREMEN [3] (Kreuzfahrtschiff)	Bahamas[11] Passagierfahrt[26], vormals FRONTIER SPIRIT, durchquerte Pond Inlet.	Daniel Felgner	West 3
94	2003	NORWEGIAN BLUE (12,9 m, Yacht)	Großbritannien[4] Durchquerte Pond Inlet.	Andrew Wood	Ost 5
95	2003	VAGABOND [3] (23,1 m, Yacht)	Frankreich[4] Durchquerte Pond Inlet.	Eric Brossier	Ost 5
96	2003	USCGC HEALY [2] (Eisbrecher)	USA[11]	Daniel Oliver	West 3
97	2003–04	POLAR BOUND (14,6 m, Yacht)	Großbritannien[5] Überwinterung in Cambridge Bay, eskortiert durch LOUIS S. ST. LAURENT auf Teilen der Strecke.	David Scott Cowper[2]	West 5

98	2003–04	DAGMAR AAEN [2] (18 m, Kutter)	Deutschland[2]	Arved Fuchs[2]	West 5
		Überwinterung in Cambridge Bay, durchquerte Pond Inlet, im Vorjahr Durchfahrt Nordostpassage geschafft.			
99	2004	KAPITAN KHLEBNIKOV [12] (Eisbrecher)	Russland[18] *Passagierfahrt[27].*	Pavel Ankudinov	Ost 5
	2003–??	OCEAN SEARCH	Frankreich	Olivier Pitras	Ost
	2003–??	MINKE	Kanada	Peter Brook	Ost
		Beide Boote überwintern in Cambridge Bay zum zweiten Mal.			
	2003–??	JOTUN ARCTIC	Norwegen	Knut Espen Solberg	West
		Überwinterte in Godhavn und Arctic Bay, Reise in Erinnerung an GJØA 1903–06.			
	2003–??	FINE TOLERANCE	Australien	Philip Hogg	Ost
		Überwintert in Cambridge Bay.			

Ein einsamer Jäger und Gejagter. Umweltgifte und der Rückgang des Eises stellen für das größte Landraubtier eine massive Bedrohung dar.

Literatur

Amundsen, Roald: *Nordwestpassage*,
J. F. Lehmann's Verlag München

Beattie, Owen und Geiger, John:
Der eisige Schlaf,
VGS Verlagsgesellschaft Köln, 1989

Boden, Jürgen F. und Myrell, Günter:
Im Bannkreis des Nordens,
Alouette Verlag, 1991

British Admirality: *Arctic Pilot Vol. III*

Canadian Geographic,
March / April 2004

Delgado, J. P.: *Dauntless St. Roch,*
Horsdal & Schubart, 1951

Far North – Oil and gas,
Spring 2004

Fuchs, Arved: *Wettlauf mit dem Eis,*
Delius Klasing Verlag, 1993

Impacts of a warming arctic,
Cambridge University Press, 2004

Lainema, Matti und Nurminen, Juha:
Ultima Thule, John Nurminen Foundation, 2001

Malaurie, Jean: *Der Ruf des Nordens,*
C.J. Bucher Verlag, 2001

Malaurie, Jean: *Mythos Nordpol,*
National Geographic, 2000

Milger, Peter: *Nordwestpassage,*
VGS Verlagsgesellschaft Köln, 1994

Pantenburg, Vitalis:
Seestraßen durch das große Eis,
Koehlers Verlagsgesellschaft, 1976

Struzik, Edward und Beedell, Mike:
Die Nordwestpassage,
Georg Westermann Verlag, 1991

Weyer, Helfried: *Nordwestpassage,*
Koehlers Verlagsgesellschaft, 1995

Danksagung

Die Hilfsbereitschaft und Unterstützung, die uns von allen Seiten zuteil geworden ist, macht bisweilen sprachlos. Ich möchte trotzdem versuchen, stellvertretend für uns alle den Dank in Worte zu fassen. Die Menschen, denen wir unterwegs begegneten, sowie jene, die uns aus der Distanz förderten und unterstützten, haben die gleiche Begeisterungsfähigkeit an den Tag gelegt wie wir, die wir die Reise unternehmen durften. Sie alle haben – jeder für sich – am Gelingen dieser schwierigen und langen Expedition ihren Teil beigetragen.

WIR möchten uns bei all jenen bedanken:

– JACK WOLFSKIN und ganz besonders Manfred Hell, der uns nun über so viele Jahre die Treue hält und uns immer wieder aufbrechen lässt.

– GLOBETROTTER Ausrüstungen, mit denen mich seit den ersten Tagen ihres Bestehens eine enge Freundschaft verbindet und die wieder mit »im Boot« waren.

– Der Firma SIEGFRIED HINTZ für die spontane Bereitschaft, sich auf das Abenteuer Nordwestpassage einzulassen.

– Der LHS LEASING für die benötigte Mobilität.

– TREKKING-MAHLZEITEN, Folker und Meddy Schultheiss sowie Stefanie Berson für die Sicherstellung der richtigen Ernährung.

– GEO. GLEISTEIN UND SOHN für das Tauwerk, das selbst den extremen Bedingungen der Nordwestpassage problemlos standhielt.

– TRANSAS für die ausgezeichneten elektronischen Seekarten.

– Der Fa. K&M Rettungsgeräte und Liferaft-Service, besonders Herrn Behnk, für die Unterstützung und Beratung in allen relevanten Sicherheitsfragen.

– Dem Deutschen Wetterdienst DWD, Seewetteramt Hamburg für die exzellente meteorologische Beratung.

– Bernhard Apparatebau für die erstklassigen SECUMAR Rettungswesten.

– Fischer Panda ICEMASTER für den erstklassigen Service.

– Der Agentur MXM DESIGN für die Präsentation und Beratung.

– DRY Fashion für die Survival-Anzüge.

– RELIUS für die Farben.

– VARTA Batterien, Herrn Brandt.

– TRABOLD für die Filter.

– DEUTSCHE RETTUNGSFLUG, DRF, besonders Christian Müller-Ramcke.

– Dr. Baumeier von SARRRAH für das medizinische Notfalltraining.

– Der kanadischen Coast Guard, allen voran den Kommandanten Serge Brulé von der PIERRE RADDISSON sowie Norman Thomas von der SIR WILFRIED LAURIER sowie deren Mannschaften.

– Der RCMP (Royal Canadien Mountain Police) dafür, dass sie immer ein Auge auf das Schiff geworfen haben.

Folgenden Personen gilt mein ganz besonderer Dank:

– meiner Frau Brigitte Ellerbrock – ohne sie hätte ich wohl auch nicht die Kraft, das zu tun, was ich mache.

– Arne Steenbock, der von Null auf Hundert das »Headoffice« in Bad Bramstedt übernommen hat, die Homepage betreut und den offenbar nichts aus der Ruhe bringen kann. Einfach klasse, Arne!

– Rolf Becker, der wie immer dafür sorgt, dass alles mit juristisch rechten Dingen zugeht.

– Hans-Joachim Karpus, der immer da ist, wenn man ihn braucht und dem kein Weg zu weit ist.

– Astrid Eggers für ihren Rat und ihre langjährige Freundschaft.

– Dr. Lars Kaleschke von der Uni Bremen für die detaillierte Eisberatung.

– Norden Tours sowie der Besatzung der KAPITÄN KHLEBNIKOV.

– Kapitän Daniel Felgner und der BREMEN für den gemütlichen Abend sowie Bärbel Krämer von Hapag Lloyd für die Bereitstellung der Bilder.

– Rainer Herzberg für die spontane Bereitschaft, den langen Winter in Cambridge Bay auf der DAGMAR AAEN zu verbringen und den täglichen Kampf mit dem Ofen aufzunehmen.

– Helmut Radebold, der als zweiter Überwinterer auf der eingefrorenen DAGMAR AAEN den arktischen Winter erlebte.

– Diane Redshaw, die mit größer Sorgfalt die Übersetzungen für die Website erledigte.

In Cambridge Bay sind wir von einer beispiellosen Gastfreundschaft aufgenommen worden. Man möge es mir nachsehen, wenn ich nicht alle Namen und Menschen an dieser Stelle auf-

führen kann. Besonders danken möchte ich folgenden Personen:

– Willi Laserich und seiner Frau Marge

– JR und Bessie

– Peter Semotiuk

– den Piloten Bruce und Fred

– Rudi Philips von First Air

– John Wonnacott

– Jeannie und Brent sowie Doug, die immer zur Stelle waren, wenn Hilfe benötigt wurde.

Danken möchte ich auch David Cowper, der mit seiner POLAR BOUND die Freuden und Härten einer Durchfahrung der Nordwestpassage geteilt hat.

Danken möchte ich auch Ulrike Becker vom SWR, die den Mut und das Vertrauen hatte, einer Expedition mit ungewissem Ausgang die Sendeplätze bei »Länder – Menschen – Abenteuer« sowie »Arte« einzuräumen. Ferner gilt mein Dank der Produktionsgesellschaft Cinecentrum Hamburg, besonders Thomas Schuhbauer, für die angenehme und vertrauensvolle Zusammenarbeit. Gunther Scholz, der als Autor der Fernsehdokumentation einen Film gemacht hat, mit dem wir uns hundertprozentig identifizieren können und der mit viel Einfühlungsvermögen die Freundschaft der ganzen Crew gewonnen hat. Dank gilt auch den Kameramännern Ralf Gemmecke sowie Axel Brandt. Torsten Heller muss auch an dieser Stelle genannt werden, hat er doch maßgeblich als Kameramann mitgewirkt – neben seiner Arbeit als Fotograf und Crewmitglied hat er sich auch in den schwierigsten Situationen nicht vom Drehen abhalten lassen. Die meisten Fotos in diesem Buch sind von Torsten!

Dank geht auch an die Mitarbeiter des Delius Klasing Verlags, die dieses schöne Buch in kürzester Zeit ermöglicht haben. Wie immer an dieser Stelle geht mein besonderer Dank an die Lektorin Birgit Radebold, die mittlerweile nicht nur zur Stammcrew der DAGMAR AAEN gehört, sondern bei dem allgegenwärtigen Zeitdruck für mich unverzichtbare professionelle Ratgeberin ist.

Danken möchte ich auch den Schulleitern und Lehrern der Dr. Wilhelm-Polthier-Gesamtschule in Wittstock, der Bruno-H.-Bürgel-Gesamtschule in Rathenow und der Erich-Kästner-Gesamtschule in Hamburg, die es den Schülern ermöglichten, virtuell auf unserer Expedition mitzureisen. Die Begeisterungsfähigkeit von Schülern und Lehrern hat uns zusätzlich motiviert.

Last but not least danke ich auch Rainer Ullrich, der Crew der RICKMER RICKMERS, der Hamburger Wasserschutzpolizei sowie der Feuerwehr, dem Zoll, der Crew des Lotsenschoners ELBE 5, der CAP SAN DIEGO, dem FEUERSCHIFF sowie den vielen Menschen und Schiffen, die uns einen überwältigenden Empfang bei unserer Rückkehr in Hamburg bereitet haben. Wir waren echt gerührt, Leute – damit haben wir wahrhaftig nicht gerechnet und danken euch sehr!

Abschließend möchte ich der gesamten Mannschaft der DAGMAR AAEN meinen Dank aussprechen sowie all jenen, die uns in so vielen Bereichen unterstützt und geholfen haben.
Glücklich ist der, der so viele nette Menschen kennt!

Bildnachweis

Torsten Heller: Schutzumschlag, 6, 10/11, 17, 18/19, 20/21, 24, 30/31, 32/33, 36 o, 36 u, 37 o, 37 u, 38, 42/43, 44/45, 46, 48, 49 o, 49 u, 50, 54/55, 56/57, 58, 70, 74, 80, 81 li, 82/83, 84, 94, 100, 108/109, 110, 112, 115 re, 130, 132, 135, 137, 138, 139, 140/141, 145, 147, 148, 151, 152/153, 172 o, 172 u, 173, 174, 176/177, 178, 181, 182 u, 183, 184, 185, 186, 187, 188/189, 190, 192 o, 192 u, 193, 194 re, 195 o li, 195 o re, 195 u li, 195 u re, 196, 199, 202/203, 204, 207, 208, 209, 211, 213 li, 214 o, 214 u, 215, 216/217, 220, 228 sowie sämtliche wenn nicht anders vermerkte Crewporträts.
Brigitte Ellerbrock: 8/9, 39, 52, 115 o li, 115 mi li.
Arved Fuchs: 12, 22, 25, 34, 68/69, 73, 81 re, 88, 90/91, 92, 98/99, 106, 107, 115 u li, 116/117, 118/119, 120, 123, 127, 128/129, 142, 146, 150, 154/155, 156, 158/159, 160, 161 re, 162, 163 o, 163 u, 164/165, 166, 168/169, 170, 182 o, 212 li, 212 re, 213 re, 236, Crewporträts B. Ellerbrock, T. Heller, A. Karpus.
Sandra Geiger Fotoservice Guernsey ltd.: 72.
Rainer Herzberg: Crewporträt R. Herzberg.
Helmut Radebold: 114, Crewporträt H. Radebold.
John Wonnacot: 218.
Historische Bilder/Grafiken: 26: © Clifford Grabhorn/Grabhorn Studio, 27: Lars Kaleschke, Gunnar Spreen, Georg Heygster, 28: ACIA, 40: Th. Éthévé Coll. PPP NASA, 51: ACIA, 61: Maritiem Museum Rotterdam, 62: Tate Gallery, London, 64: National Maritime Museum, Greenwich, BHC 0359, 65: Helsinki University Library/Nordenskiöld collection, 66: entnommen aus Erich von Drygalski, Zum Kontinent des eisigen Südens, Berlin 1904, 77: Dundee Museums, 79: Privatarchiv P. Harvey © Chêne, 96: Arktisk Institut, Kopenhagen-Ph/Danish Polar Center, 103: Helsinki University Library, 104: Peter Milger, 122: Scott Polar Research Institute, Cambridge, 124: National Maritime Museum, Greenwich, D 2184, MSR 1C19, 125: © Dr. Owen Beattie, 126: National Maritime Museum, Greenwich, BHC 173, 133: entnommen aus Roald Amundsen, Die Nordwest-Passage, München, 175: Canadian Geographic, 200: © Environment Canada 2004, 206: Lars Kaleschke, Gunnar Spreen, Georg Heygster.
Nicht alle Rechteinhaber der historischen Bilder haben sich bisher gemeldet. Die Copyright-Angaben wurden nach bestem Gewissen erstellt. Eventuelle Ansprüche sind bitte an den Verlag zu richten.